AIで変わる法と社会

Artificial Intelligence,
Law, and Society

Thinking Deeply about the Near Future

宇佐美誠=編

AIで変わる法と社会

近未来を深く考えるために

岩波書店

はしがき

　AI(人工知能)が注目を集めている．1950年代〜1960年代の第1次ブーム，1980年代の第2次ブームに続く第3次ブームのなか，研究開発が急速に進み，巨額の投資が行われている．企業はAIを活用したコンサルティングを売り物にし，政府はAIやIoT(モノのインターネット)をてこにした経済成長をめざし，書店では関連の翻訳書や一般書が山積みになっている．他方，AIやロボットが人々から仕事を奪うのではないか，プライヴァシーは守られるのかといった不安の声も多い．こうしたAIへの高い関心はわが国に限られない．むしろ，英米の代表的新聞では日本の全国紙よりも頻繁に，AIに関する記事や論説文が掲載されるようだ．

　とりわけ話題となっているのは，シンギュラリティ(技術的特異点)だろう．人間の知能を超えた人工超知能(ASI)が実現する時点とされるシンギュラリティは，技術の指数関数的な発展から考えて2045年に訪れるという見解が，広く知られている．この時点が来ると，脳と機械の結合により人間は不死をえられ，さらには人間の知性が宇宙全体に広がってゆくという．その反対に，人工超知能は人類に重大な危険をもたらすかもしれないという警戒が，海外の一部の専門家によって表明され，日本でも紹介されている．わが国の論者の間では，人間と機械は根本的に違うから，シンギュラリティなど決して来ないという主張が目立つ．このように，AIをめぐる従来の言説では，多かれ少なかれ遠い未来の技術や，それがもたらすかもしれない人類の抽象的な展望をめぐって，対立しあう予想が示されてきた．

　ところが，最近，AIの応用がただちに引き起こしうる具体的な問題に関する書物が，法学者によってにわかに公刊され始めた．なかでも盛んに考察されているのは，自動運転車をめぐる法的責任である．製造後に学習を重ねた自動運転車が事故を起こした場合，誰が責任を負うのかという論点である．他にも，商品の購入やサイトの閲覧から自動的に集められる個人の情報について，プライヴァシーをどう保護するかなども，検討されている．他方，それと相前後して経済学では，AIやロボットが本当に仕事を奪うのかについて，海外の研究

の紹介・検討や，日本のデータを用いた分析が始まっている．

　このように見てくると，わが国における AI をめぐる言説や研究の重点は，二つに分化しているように思われる．一方では，やや遠い未来の技術の予想や社会の展望が語られ，他方では，間もなく生じうる法的問題や雇用の問題について専門的な研究が始まっている．だが，その中間には，急激に進歩し続ける AI が個人や社会・法のあり方をどのように変容させつつあるか，その変容の特徴は何か，そして変容に対してわれわれは何をするべきかといった問いがあるはずだ．これらは，予想される法的問題や雇用への影響よりも深層にあるけれども，しかし現実となるかがきわめて不確かな未来のヴィジョンではなく，われわれがすでに直面しつつある，あるいは間もなく直面するだろう個人と社会・法の変容に関わる諸問題である．

　AI がごく近い将来に個人・社会・法のあり方に対して提起するだろう根本的な諸問題に対して，法学系の研究者がそれぞれ正面から取り組んだのが，本書である．AI は人間のように心をもちうるかを検討した後，おもに個人に着目して，AI の自律は個人の自律とどう違うか，また AI にない人間らしさとは何かを順に考察している．次に，社会に重点を移して，自由と権力のバランスはどう変容しつつあるか，正義論は AI 大失業の可能性にどこまで応えられるかについて検討する．最後に，法に着目して，個人の刑事責任をどう捉えたらよいか，そして AI による判決自動販売機は望ましいかが，論じられている．これらはいずれも，一握りの専門家に任せておけばよい問題ではなく，AI 時代の入口に立つわれわれが皆，自分自身で考えてみるべき問題である．また，これらの問いを考えることは，より遠い未来の人類のあり方について考えをめぐらすときの足がかりともなるだろう．

*　*　*

　2016 年頃，私は，AI やそれを実装したロボットが社会に与えるだろう影響に関心をもつようになった．その理由はこうだ．私が専門とする法哲学における一大論点は，便益や負担の分け方の正しさを問う分配的正義である．AI 大失業が仮に現実となるならば，分配的正義の代表的学説はその状況に応答できそうにないと，私には思われる．では，どの既存の学説をもとに，どんな理論を構築してゆくべきか．このように分配的正義の観点から AI の社会的影響に

関心をもった私は，国内での講演や国際会議の報告でこの主題を取り上げるようになった．

　だが，AI がもつ社会的含意は，正義にかぎらず，自由・自律・責任など，法哲学で考察されてきた他の重要な概念にも関わっている．そのことに気づいた私は，AI を考察対象に含めてきた法哲学者の大屋雄裕・松尾陽両氏や，情報法を専門とする成原慧氏に声をかけて，科研費・挑戦的研究（萌芽）「人工知能社会における正義と自由」（19K21676，2019〜2020 年度）を始めた．折しも，岩波書店の吉川哲士氏が，AI に関する書物公刊を誘って下さった．そこで，AI に詳しい気鋭の刑法学者である稲谷龍彦氏と，法的推論を研究テーマとする西村友海氏にも加わってもらい，1 冊を上梓することになった．それが本書である．したがって，本書は科研費プロジェクトの中間成果物でもある．

＊　＊　＊

　本書の公刊までに多くの方のお世話になった．AI について自分の考えを進める上で，国際会議「デジタル化とビジネス倫理」（ミュンヘン，2018 年）は特に有益だった．主催者クリストフ・リュトゲ氏からのお誘いとご厚情に，深く感謝している．また，JST（国立研究開発法人科学技術振興機構）の RISTEX（社会技術研究開発センター）が推進する HITE（人と情報のエコシステム）研究開発プロジェクトの全体会議（東京，2019 年）からは，多くの気づきを得た．このプロジェクトのなかで，私が属する「自律機械と市民をつなぐ責任概念の策定」（研究代表者：松浦和也氏）では，日頃から知的刺激を受けている．吉川氏には，熟練しつつ柔軟な対応で，本書の企画から各章原稿の集約を経て仕上げにいたるまで一方ならぬお世話になった．

　2020 年 3 月

宇佐美　誠

目　次

AIは個人・社会・法に何をもたらすか

宇佐美誠

Ⅰ　AIのこれまで

ゲームから業務へ

　近年，AI（人工知能）がめざましい発展をとげている．最も広く注目を集めてきたのは，ゲームの世界だろう．1997年，IBM社のDeep Blueは，チェスの世界チャンピオンに2勝1敗3引き分けで勝利をおさめ，世界を驚かせた．囲碁では2016年に，グーグル・ディープマインド社のAlphaGoが，世界のトップ棋士に4勝1敗で勝った．後継機AlphaGo Zeroは，過去の棋譜を学ぶことなく自分との仮想対戦を通じて強くなり，AlphaGoを打ち負かした．さらに汎化されたAlpha Zeroは，囲碁の他にチェスと将棋でも他機を圧倒した．

　応用の場面は，ゲームを超えてはるかに広がっている．IBM社のWatsonは，技術開発・経営診断・保険リスク計算・医療診断などで活用されつつある．また，サイト閲覧・購入などの行動履歴や，年齢・性別などの人口統計的属性にもとづいて，顧客の的をしぼって広告を送るターゲティング広告は，すでに広く用いられている．AIが実装された製品のなかでもとくに注目されている一つは，自動運転車だろう．完全自動運転が実現するならば，運転者が不要となるだけでなく，カーシェアリングが進み，自家用車が共有自動車へと変質してゆくと予想されている．

高まる期待

　AIの急速な発展が伝えられ，その応用が多方面に広がるなか，期待が高まっている．例えば，ターゲティング広告のおかげで，消費者は自分好みの商品

を見つけやすくなる．AI による医療診断が普及すれば，セカンド・オピニオンとして活用できる．飲食店やホテルの自動化が進めば，人件費が節約されるから，価格が大きく低下するだろう．自分の業務の一部を AI が担ってくれれば，労働者は込み入った作業や単調な作業から解放される．

　社会全体としても，先進国のなかで低い日本の労働生産性が，AI の活用で向上することが期待されている．さらには，1990 年代初め以来の経済停滞を脱し，新たな経済成長が始まるかもしれない．個別的にも，自動運転車の普及にともなう交通渋滞の緩和や，就業人口が減少の一途をたどってきた農業の自動化，過疎地でのドローン配達による利便性の向上など，利活用が期待される場面は枚挙にいとまがない(1)．

　AI と IoT（モノのインターネット）を結合し，サイバー空間とフィジカル空間を融合させた超スマート社会の構想として，政府が第 5 期科学技術基本計画（2016〜2020 年度）で発表した**ソサエティ 5.0** がある．ソサエティ 1.0 が狩猟社会，2.0 は農耕社会，3.0 は工業社会，4.0 が現在の情報社会であるのに対して，AI と IoT による新たな社会が構想されている(2)．

広まる不安

　AI へのさまざまな期待が高まる一方で，仕事が奪われるのではないかという不安をよく耳にする．例えば，完全自動運転車が実現すれば，タクシー運転手やトラック運転手は仕事を失うだろう．飲食店で必要なアルバイトの数も大幅に減るはずだ．さらに，すでに製造業で見られてきた，必要とされる労働者数が自動化によって大きく減るという現象が，事務職や専門職にまで広がるならば，大勢の失業者が生じるかもしれない．

　ターゲティング広告はプライヴァシーをめぐる不安感を引き起こしている．しかも，個人の行動履歴を組み合わせると，氏名・住所・年齢だけでなく，生活習慣や食べ物・衣服の好み，さらには健康状態や政治的信条まで特定することが可能となる．また，誤作動や事故への不安も高まっている．2016 年に，テスラの自動運転車による死亡事故が耳目を集めたのは，その表れだろう．

　このように期待と不安が錯綜するなかで（第 4 章第 1 節も参照），AI がわれわれ一人一人や社会全体に与える影響について，どのように考えてゆけばよいだろうか．これについて考えるためには，AI がどう発展してきたかを振り返り，

現在の技術がどんな特徴をもつかをまず押さえる必要がある.

チューリングテスト

　コンピュータの先駆者のなかでとりわけ先見の明を示したのは,数学者アラン・チューリングだろう.彼は一般には,**チューリングテスト**の考案者として知られている.1950年の論文で,一つのゲームが提案された[3].男性と女性が一室に入り,別の場所にいる質問者が2人それぞれに質問を重ねる.そして,タイプ打ちされた回答をもとに,部屋のなかのどちらが男性で,どちらが女性かを推測する.質問者は,何らかの頻度で誤った推測をするだろう.次に,男性に代わって機械が回答をするとき,質問者は機械を人間と間違えて,2人の人間に質問していたときと同じ頻度で誤った推測をするだろうか.

　その後,回答者の性別を問わず,機械が質問者に,自分が人間だと思わせられるかを試すことが,チューリングテストと呼ばれるようになる.このテストの合格は,多くのAI技術者の目標となった.1964年に開発されたELIZAは,相手の発言の内容を理解せずに定型的反応だけで自然なタイプ打ち対話を続けることができた.半世紀後の2014年には,13歳のウクライナ人ユージン・グーツマンを騙ったプログラムが,審査員の33%を誤らせるのに成功した.

チューリングの先見性

　これまで注目されてこなかったが,チューリングは同じ論文で,機械は考えることができるかという問いへの否定的解答を順に取り上げ,批判的に検討している.その検討には,驚くべき先見の明が表れている.例えば,ゲーデルの不完全性定理によれば,ある公理系が無矛盾であるならば,そのなかには真偽を判定できない論理式が存在する.この定理を根拠として,機械的知能には限界があるという主張が,後に盛んとなった.だが,チューリングは機先を制するかのように,同じ限界が人間の知能にもあると指摘している.

　また,人間にできる特定の行為が機械にはできないという否定論に対しては,これは記憶容量の限界の問題だと述べている.その後の数十年間に続いてきた指数関数的な記憶容量の増大を見越しているかのようだ.さらに,機械が,自らの行動の結果を観察することでプログラムを修正できるようになるのは,空想的な夢でなく近い将来の可能性だと喝破している.これは,後ほど説明する

近年の AI の強化学習を思い起こさせる.

　さらに，チューリングは，機械における意識の欠如を理由とする否定論に対しても，洞察に富んだ応答をしている．AI の意識という話題には，第 3 節で戻ってくることにしよう．

ダートマス会議と第 1 次ブーム

　「人工知能」という言葉が初めて使われたのは，1956 年にコンピュータ科学者ジョン・マッカーシーらが開いた**ダートマス会議**(人工知能に関するダートマス夏季研究プロジェクト)である．この連続会合には，情報工学者クロード・シャノンや経済学者ハーバート・サイモンなど，創草期の研究者が集まった．

　ダートマス会議をきっかけに，1950 年代後半から 1960 年代にかけて AI 研究が盛んとなり，後には「第 1 次ブーム」と呼ばれるようになる．何らかの基準によって多くの選択肢から最善のものを選び出す**探索**の研究が始まり，パズル解きやゲームが行われた．また，**自然言語処理**も試みられた．プログラミング言語のように規約された人工言語に対して，日本語・英語などの自然発生的に発達した言語が自然言語である．だが，記憶容量が小さく処理速度が遅い当時のコンピュータでは，複雑な課題はとても解けず，また自然言語の多義性・文脈性が壁となって行き詰まり，ブームはやがて下火となった．

第 2 次ブームのエキスパート・システム

　AI 研究が再び活発となったのは 1980 年代であり，「第 2 次ブーム」と呼ばれる．当時，めざましい経済発展で注目されていた日本において，第 5 世代コンピュータという国家プロジェクトが開始されたため，それに対抗して欧米の政府が巨額の補助金を AI 研究開発に提供したのである．すでに 1960 年代に開発され始めた**エキスパート・システム**が，1970 年代の発展を経て，1980 年代に全盛期を迎えた．エキスパート・システムとは，医師・法律家などの職業的専門家の知識をコンピュータに記憶させ，診断・判断・助言を行わせる仕組みである(開発例について，第 7 章第 2 節)．こうした研究の背景には，一方では集積回路の高密度化による記憶能力の増大というハード面の進歩があり，他方では知識の情報処理法の精緻化というソフト面の発展があった．

　ところが，AI の判断が誤っている場合，誰が責任を負うのかという難問が

生じる．実際，1970年代に開発された感染性血液疾患の診断システム MYCIN は，医師に劣らない精度を示したにもかかわらず，誤診の責任への懸念が一つの障害となって実用化にいたらなかった．別の大きな障壁は，言語化できない知識である暗黙知だった．職業的専門家が長年の職務経験のなかで培い，しばしば用いている暗黙知を，機械には学習させられないという問題が，研究開発者たちの前に立ちはだかったのである．こうして，第2次ブームは1990年代に終わりを告げた．

強化学習とディープラーニング

だが，AI に対する期待の浮き沈みの背後で，機械学習の地道な研究が一貫して続けられていた．機械学習には三つのやり方がある．教師あり学習では，入力－出力の組合せである正解データの集合を与えることで，AI の訓練が行われる．例えば，技術者が，猫の画像と「猫」のラベルとの組をデータとして与える．こうした判別問題でなく予測問題であれば，過去の事象から正解データが得られる．これは，教師なし学習と呼ばれる．さらに，正解データが与えられずに試行錯誤を通じて訓練が行われるとき，強化学習と呼ぶ．棋譜を学ぶことなく自己対戦を通じて強くなった AlphaGo Zero や Alpha Zero は，強化学習の驚異的な成果を示している．

強化学習はどのように行われるのだろうか．これを理解するための第一歩は，**ニューラルネットワーク**にある．ニューラルネットワークとは，人間などの動物がもつ多数のニューロン（神経細胞）のネットワークである脳神経系をモデル化した情報処理の仕組みである．まず，入力に一定の重みを加えて，入力値が閾値を超えると出力が行われる人工ニューロンが発明された．次に，この重みをデータにあわせて修正するパーセプトロンが出てくる．さらに，人工ニューロンについて入力層と出力層の間に中間層（隠れ層）を設けた階層型ニューラルネットワークが現れた．また，出力と正解の誤差を評価し，その値をネットワーク内の情報の流れと逆の方向に伝える誤差逆伝播が開発された．そして，中間層を多層化した**ディープラーニング**（深層学習）が，2006年に提案される．このディープラーニングによる強化学習を行ったのが，囲碁 AI なのである．

第 3 次ブームへ

　ディープラーニングは，2010 年代に始まった現在の第 3 次ブームの一大特徴である．この技術が最初に注目を集めたのは，画像認識である．アメリカの大規模な画像認識コンペティション ILSVRC（ImageNet 大規模画像認識競技会）の 2012 年大会で，これを用いたチームが優秀した．優勝チームの誤認識率は，前年の優勝チームの 25.8 % を大きく下回る 16.4 % だった．その後，2015 年の優勝チームは，人間の誤認識率 5.1 % を下回る 3.6 % を記録している．画像認識では，機械がすでに人間を上回っているのだ．こうした技術は自動運転車などで活用されている．

　ディープラーニングは，かつてのエキスパート・システムの挫折をやがて乗り越えるだろうと考えられている．この技術による強化学習を行うならば，言語化されたデータを用いる教師あり学習と異なって，言語化できない暗黙知も AI は習得しうるからである．また，専門家の知識に限らず生じうる**フレーム問題**に対しても，ディープラーニングが部分的な解決策として期待されている．マッカーシーらが提起したフレーム問題とは，ある行為を記述するとき，その行為によって変化する事象と変化しない事象をすべて列挙しようとすれば，記述量・推論量が指数関数的に増加して，列挙できなくなることをいう．だが，その後の研究によって，記述・推論の量的増加よりも質的困難が問題とされるようになった．ここでも暗黙知が重要となるため，ディープラーニングへの期待が高まっているのだ．

ビッグデータの時代

　第 1 次ブームであつかわれたゲームの分野では，本章の冒頭で触れたように，AI は人間をしのぐ能力を証明してきた．他方，自然言語処理に関する近年の発展を理解するためには，最近よく耳にする**ビッグデータ**が重要となる．ビッグデータには三つの特徴がある．第 1 は，デジタル化によって収容力が加速度的に高まったという多量性である．第 2 は，文字・数値，音声・音楽，画像・動画などを含むという多様性である．第 3 は，各地の株価・交通状況・気象状況など，時々刻々と変化する情報が収集され処理されるという高速性である．こうしたビッグデータをディープラーニングであつかう統計的自然言語処理が，

大きく進展している．Siri や Google Now はその例である．

　以上の短い回顧からも分かるように，20 世紀半ば以来の AI 史は，服装に見られるような単なる流行の繰り返しではない．先のブームでは克服できなかった技術的障害が，倦まず弛まず続けられた研究開発によって，後のブームで克服されてきた歴史だと言える．これを可能にした重要な二つが，ディープラーニングとビッグデータなのである．もちろん，大小の技術的課題は数多くある．だが，いまも世界中で競って開発されているさまざまな技術から，次のブレークスルーが生まれるだろう．

2　AI のこれから

強い AI／弱い AI

　過去 70 年間に発展してきた AI は，今後どうなるのだろうか．AI の将来をめぐっては多様な予想がある．それらの予想の布置状況を把握するため，まず AI の概念の区分を見ることから始めよう．

　哲学者ジョン・サールは，**弱い AI 研究**と**強い AI 研究**を区別した[(4)]．弱い AI 研究では，心の研究におけるコンピュータは，仮説の定式化・検証という道具を提供する．他方，強い AI 研究では，適切にプログラムされたコンピュータは，物事を理解したり他の認知的状態をもったりする，つまり心をもつとされる．プログラムは，心理学的説明を検証する道具ではなく，説明それ自体なのである．こうした強い AI 研究は実行不可能だと，サールは主張した．

　この主張を裏づけるために提案されたのが，中国語の部屋という思考実験である．中国語をまったく読めないサールが，たくさんの中国語の本と，中国語を別の中国語に関連づけるための英文の規則集とがおかれた部屋に入るとしよう．部屋の外にいる質問者が中国語の質問を送ってきたら，彼は規則集を使って中国語の回答を示し，英語の質問には英語の回答を出す．質問者は，サールが中国語を理解していると思い込むはずだが，彼は実際には理解していない．この思考実験は，質問を理解していない AI でもチューリングテストに合格しうることを示している．

汎用 AI から人工超知能へ？

その後，弱い AI と強い AI の区別は，おもに別の意味で用いられるようになる．弱い AI とは，特定の目的を達するための**特化型 AI**（NAI）であり，強い AI とは，多種多様な目的に資する**汎用 AI**（AGI）だとされる．特化型 AI は，本章の冒頭でいくつかの例を見たように，すでに活用されているが，汎用 AI はいまだ実現していない．人間はじつに多様な目的をもって判断し行動する．これらの判断ができる汎用 AI が実現し，しかも大きく発展するならば，いずれは人間の知能を超えた**人工超知能**（ASI）が出現するかもしれない．

ここから，二つの問いが生じる．第 1 に，人工超知能はいつ実現するか．その時点は数十年後か，数百年後か，あるいは永久に来ないか．第 2 に，人工超知能は人間にとってどのようなものか．この技術が仮に実現するならば，それは人類に大きな便益を与える望ましいものか，それとも人類を危険にさらす望ましくないものか．

この二つの軸を使うと，人工超知能の予想ボックスを描くことができる（図 1-1）．縦軸は，人工超知能がいつ現れるかを，横軸は，人間にとって望ましいかどうかを表している．

シンギュラリティ論の系譜

人工超知能をめぐる英語圏におけるおもな立場は，図 1-1 のように，四つに大別できる[5]．第 1 は，**シンギュラリティ**（技術的特異点）の主張で著名な発明

図 1-1 人工超知能の予想ボックス

家・未来学者のレイ・カーツワイルに代表される，「**楽観論**」と呼べる立場である．シンギュラリティとは，宇宙物理学では，密度・重力が無限大となり物理法則が成立しなくなるブラック・ホールの中央の点をさす．AIの文脈では，人工知性が人間知性を超える時点，つまり人工超知能が実現する時点をいう．

　人間知性を超えた人工知性という考えは，早くも1950年代に，チューリングやノイマン型コンピュータの考案者ジョン・フォン・ノイマンによって示唆されていた．続く1960年代，数学者I. J. グッドは，超知能機械が出現すれば，より優れた機械を設計でき，設計された機械はさらに優れた機械を設計できるから，知能爆発が起こり，したがって最初の超知能機械が人類最後の発明になると述べている．1980年代には，AI研究者のハンス・モラヴェックが，コンピュータの単位費用当たりの計算能力は指数関数的に向上してきたと指摘した．そして，人間が新技術のおかげで画期的な便利さを享受し，脳内情報のコンピュータへのコピーが可能となり，ついには人類の心を受け継ぐ機械が子孫として繁栄する未来像を描いた[6]．1990年代に入ると，数学者でSF作家のヴァーナー・ヴィンジが，AIについて初めて「シンギュラリティ」という言葉を用いた．

カーツワイルの楽観論

　こうした思想の系譜を受け継ぎつつ，きわめて楽観的な未来像を描くのが，カーツワイルである[7]．彼は技術の指数関数的発展を強調する．例えば，**ムーアの法則**によれば，集積回路のトランジスタ数は1年半ないし2年で2倍になる．このように集積密度が高まれば，配線距離は短くなり，計算速度が早まるから，コンピュータは加速度的に発展してゆく．現在までのトランジスタ数の増加は，おおむねこの法則に合致している．ムーアの法則を含む指数関数的発展法則を，カーツワイルは「収穫加速の法則」と名づけた．

　収穫加速の法則をもとに現在までの発展から推計すると，2045年にシンギュラリティが訪れるだろうという．シンギュラリティ後には，人間と機械が融合し，脳内情報のアップロードが可能となる．また，ナノサイズのロボットであるナノボットを人体に送り込んで行う治療や，人体の一部を機械に置き換えるサイボーグ化なども進む．したがって，人間は生物的限界を超えて望むかぎり生きられるようになる．そして，人間と機械の新たな知性は宇宙へと広がっ

てゆくというのだ.

カーツワイルの他にも，人工超知能が実現すれば，人類はその助けを借りて大きな発展や幸福を手にできると考える AI の研究者や起業家は，決して少なくない．カーツワイルの議論を先取りしたモラヴェックの他，グーグル共同創業者のラリー・ペイジらを挙げられる.

警戒論と慎重論

第 2 に，楽観論の対極にはいわば「**警戒論**」がある．理論物理学者スティーヴン・ホーキングは，汎用 AI の危険性を避ける方法を学ぶべきだと警告し，ジャーナリストのジェイムズ・バラットも，AI は人類を存亡の危機に追いやるかもしれないと予言する[8]．起業家のなかでは，テスラ共同設立者のイーロン・マスクが警戒論者として知られており，マイクロソフト創業者のビル・ゲイツも危険性を示唆している.

第 3 は，楽観論と警戒論の中間に幅広く位置する「**慎重論**」である．1960 年代以来，慎重論はときおり示唆されてきた．近年には，汎用 AI がさほど遠くない未来に実現されるだろうという予想の下で，それがもたらしうるリスクに備えることによって，人間にとって有益な AI をめざすという方向性が，明確になりつつある．哲学者ニック・ボストロムは，博覧強記ぶりを示しながらさまざまなシナリオを示し，リスクへの備えを説いている[9]．他には，コンピュータ科学者のスチュアート・ラッセルや，理論物理学から AI 研究に転じたマックス・テグマークが挙げられる[10]．テグマークはスカイプ創業者のヤン・タリンらとともに，AI の安全性研究を促進する生命未来研究所を設立した．この研究所が 2017 年に開催したアシロマ会議には，カーツワイルからマスクにいたる多様な立場の専門家が集合し，アシロマ AI 原則を採択している[11].

分かれる予想と評価

楽観論者・警戒論者・慎重論者はおおむね，21 世紀中または 100 年以内に，人間レベルの汎用 AI さらには人工超知能さえ実現するだろうと想定している．これに対して，そのような期間内には実現しないと予想する「**懐疑論**」も存在する．支持者の多くは，人工超知能の出現までに 100 年以上かかると予想する

いわば時期的懐疑論者だが，永久に出現しないと主張する原理的懐疑論者もいる．

　では，AIの専門家は全体として，人間に匹敵する汎用AIが実現する時期や人間への影響をどのように考えているのだろうか．2012年〜2013年の調査では，職業的専門家の水準の業務を遂行できる人間水準AIが出現する時期に関して，549名に尋ねて170名から回答を得ている．出現確率が50%となる時点について，中央値が2040年で，平均値は2081年だった．90%の時点については，中央値が2075年，平均値は2083年だった．ここから，今世紀中の実現に関する広いコンセンサスがあるものの，これに反対する少数の専門家もいることが分かる．また，人間水準AIが人間に与えるだろう影響に関しては，「きわめて良い」が24%，「全体として良い」が28%だった一方で，「全体として悪い」が13%，「きわめて悪い（存亡の危機）」が18%あった[12]．「きわめて良い」を楽観論と捉え，「きわめて悪い」を警戒論とするならば，5人中3人が慎重論者だということになる．他のいくつかの調査でも，多かれ少なかれ似た結果が得られている．

夢想派と不安派

　わが国では，AIの未来はどのように受け止められているのだろうか．英語圏のさまざまな言説や文化作品から影響を受けながらも，日本での受け止め方には独自の特徴があると思われる．三つの集団を区別できるだろう．

　多かれ少なかれ遠い未来には，人工超知能が出現し，人類社会は大きく変化するだろうと想像する人々を「夢想派」と呼ぼう．そのなかには，カーツワイルのシンギュラリティ論に共感をいだく楽観的な人々から，映画『ターミネーター』や『マッドマックス』などから強烈な印象を受けた悲観的な人々までが含まれる．夢想派は，海外のAI論の翻訳やその紹介の他に，SFの映画・小説・アニメからもインスピレーションを受けているだろう．

　より多くの人々は，間近な将来に関心を向けて，AIによって仕事が奪われるのではないか，プライヴァシーが侵されるのではないか，システムが崩壊して大事故が起きるのではないかといった危惧をいだいているように思われる．こうしたいわば「不安派」は，近年には増えているようだ．AIが大半の仕事を奪うと主張する一般書が最近には矢継ぎ早に出版され，またプライヴァシー

の危機を強調する一般書がかねてから公刊されてきたのは，多くの人の不安に
応えるものだろう．

懐疑派

　専門家は，AIの未来をどう考えているのだろうか．いく人かの著名な論者
は，人工超知能の出現はありえないと信じる「懐疑派」であり，その社会的影
響力は大きい．日本の懐疑派は英語圏での原理的懐疑論者に相当する．

　例えば，「ロボットは東大に入れるか」プロジェクトで有名になった新井紀
子は，シンギュラリティは来ないと断言する[13]．新井によれば，AIは所詮コ
ンピュータであり，意味を理解できず計算しか実行できない．コンピュータが
人間並みの知能をもつためには，人間の認識をすべて論理・統計・確率に置換
しなければならないが，それは不可能だ．それでも，AIは多くの労働者に取
って代わるだろう[14]．その原因は，教科書さえも読めず意味を理解できない
中高生が多いことにあるから，読解力を高める学校教育が重要だという．

　情報学の重鎮である西垣通も，カーツワイルの未来像を「荒唐無稽」・「夢物
語」と一蹴する[15]．返す刃で，警戒論に対しては，神によって創られた最高
位の被造物である人間が，自らを超えるAI・ロボットを創り出せば，やがて
反逆を受けるはずだというキリスト教的恐怖心にすぎないと，一刀両断にして
いる．機械は，人間により設計されプログラム通りに動く他律システムである
のに対して，人間は自生する生物だから自律システムである．人工知能が人間
の思考から生まれた以上，人間の認識や知性の限界を超えるのは不可能であり，
釈迦の手の上で踊るだけだという．さらに，AIによって仕事の質が変わるだ
けで，仕事が奪われるわけではないとする．

　他方，AIの研究開発の第一線にいる工学系研究者には，汎用AIが実現する
可能性を肯定する人が少なくないように見受けられる．だが，人工超知能の技
術的可能性を正面から論じることは控えがちであり，まして，人工超知能の社
会的影響の予想は，自分の専門外だと考える傾向が強いようだ．その背景には，
かつて政治学者の丸山眞男が「タコツボ型」と呼んだ，各研究者が自分の専門
分野だけに専心するというわが国の学問の伝統的特徴があると思われる．

未来の不可知性

　世代間正義を研究テーマの一つとしてきた私は，全知でないわれわれ人間にとって未来は不可知だという事実を真剣に受け止めたいと考えている．未来の不可知性を踏まえれば，人工超知能の実現時期は数十年後かもしれず，数百年後かもしれず，あるいは永久に来ないかもしれないと言う他はない(16)．

　こうした観点からは，コンピュータを含む機械を人間と対比して，人工超知能の原理的な実現不可能性を断言する懐疑派には，やや疑問を感じる．脳での情報処理もコンピュータのそれと同じく，一つの物理的過程である．アメリカのAI専門家が好む言い回しを用いれば，情報処理が行われるのが炭素なのかシリコンなのかで本質的な違いはない．

　1933年，物理学の大家アーネスト・ラザフォードは，核エネルギーを使えるようになると語るのはたわ言だと一蹴したが，その記事を読んだ物理学者レオ・シラードは，同年に原子力を引き出す技術を考案した．それから10年も経たずに，原子爆弾を製造するマンハッタン計画が着手され，15年以内に原子力の平和利用が開始された．第一級の専門家にとってさえ，どんな技術が将来に生まれるかを予想するのは難しい．まして，指数関数的な集積回路の発展に支えられたAIの未来については，なおさらだろう．

近い将来を構想する必要性

　夢想派・不安派が懐疑派と組み合わさることで，AIをめぐる言説から，大切なものが抜け落ちてしまうことを懸念している．市民のなかの夢想派は，人工超知能が現れるかもしれないかなり先の未来を見やっている．不安派は間もなく訪れる将来に目を凝らしているが，それは，自分の職やプライヴァシーが脅かされるのではないかという受動的関心にもとづく．懐疑派の研究者は，人工超知能の出現という夢想派の見通しに冷水を浴びせる一方で，不安派に対しては，恐れるべき悪影響など起こらないと断じるか，あるいは悪影響に対しては読解力の向上で十分に対処できると語る．これは不安派にとって福音である．

　だが，人工超知能の出現の有無や時期を問わず，特化型AIの加速度的発展は近い将来，人間の自己認識・相互関係・経済生活や，社会・法・政治のあり方に広く深いインパクトを与えるのではないだろうか．そうだとすれば，市民

一人一人が，AIからのインパクトをしっかりと認識した上で，どのような生き方をしたいか，どんな社会になってほしいか，そのために法制度はどうあるべきかを探求してゆく能動的姿勢が不可欠となる．ところが，夢想派・不安派・懐疑派が組み合わさると，AIの発展を踏まえて近未来における個人・社会・法の望ましいあり方を探求するという能動的契機が，失われやすいのである．

3 AIは心をもちうるか？

物事を理解できないAI

　前節で述べた疑問を懐疑派の主張に対して感じる一方で，そこで強調される人間／機械の二元論は，いくつかの重要な問いを提起していると思う．人間とAIの間にいまある決定的な相違点は何か．それはやがて消滅しうるか．その消滅は何を含意するか．これらの問いについて，サールが着目した心の概念を軸として検討してゆきたい．

　AIは心をもたないと言われる．心とは何かは，心の哲学という哲学の一部門における一大論点である．だが，ここでは哲学的論争に深入りせず，まずはサールにしたがって，理解力として捉えてみよう．現在の特化型AIの大半は物事を理解できない．がんの画像診断で専門医よりも優れている診断システムも，がんの告知が患者やその家族に対してどんな心理的衝撃を与えるかを理解していない．話しかければ気の利いた冗談さえ言う会話型ロボットは，人間の言葉の意味が分かっているわけではない．

理解力の有無は重要か

　多くのAIが物事や意味を理解できないことは，人間とAIが根源的に異なる証拠になるのだろうか．パソコンをうまく使いこなせない私は，著書や論文に載せる単純な図表を作成するのさえおっくうで，しばしば秘書に図表作りを頼む．秘書は，望みどおりの図表を手際よく作ってくれるが，しかしそれが用いられる学術的文脈を理解しているわけではないはずだ．だが，そんなことは私にとって重要でない．ここで誰かが，秘書による学術的意味の無理解こそが

私と秘書を分かつのだと言うならば，私は奇妙に感じるだろう．秘書は，図表の学問的意義がよく分からないだろうが，私は，図表の作り方がよく分からないから，お互い様だ．人間にとって，ある作業の対象がもつ意味を理解せずに作業をすることは，とくに機械的業務の場合にはありふれたことだ．そして，意味の無理解が，作業の指示者と実行者の根源的異質性を意味するとは考えられていない．

同じことがAIにも当てはまる．AIが医師よりも正確にがんの画像診断をできるならば，診断を任せるのが合理的だろう．AIがこの病気の心理的衝撃を理解していないことは，診断を行う上で重要でない．また，その無理解は，医師とAIが画像診断の主体として根源的に異なる理由ともならない．むしろ，医師ががんの告知を行うべき理由になるだけだ．

理解力のある AI は不可能か

そもそも，すべての現存のAIが本当に理解力を欠いているかは，じつは疑問である．一例を挙げよう．囲碁で論理的に可能な指し手の数は天文学的数字に上るため，棋士は経験に裏打ちされた直観力によって碁石の配置の意味を理解し，次の一手を決めると言われている．AlphaGoがトップ棋士に勝利した際，定石から外れた一手を打ったため，人間を超えた理解力を備えているのではと棋界に衝撃を与えた(第3章第2節も参照)．

しばしば指摘されるように，ディープラーニングの情報処理はブラック・ボックス化しつつあり，特定の出力がなぜ生じたかを人間が把握するのは困難である．既存の特化型AIに関してさえ，理解力の欠如を断言できないとすれば，現在は想像さえできない新技術に支えられた将来の特化型AIについては，いっそう断言できないはずだ．汎用AIが実現するならば，さまざまな物事を理解する可能性さえ否定できない．

感情のある AI は不可能か

心の重要な部分は感情だろう．人間は，喜び，悲しみ，怒り，恐れ，誇り，恥などをいだく．これらの感情を現在のAIがもたないことは，人間と機械の根源的な異質性を主張する理由になるだろうか．

人間が特定の感情をいだくとき，体内で起こっているのは，脳のニューロン

のシナプス間における微量の化学物質の伝達や，化学物質の急激な分泌という物理現象である．人間の脳がもつ構造全体を模倣する**全脳エミュレーション**ではもちろん[17]，別のアプローチでも，感情が生じているときの脳内での物理現象に類似したものを機械内で再現できるようになるならば，機械は，人間の感情に相当する内的状態をもちうる．

感情による不公正

だが，問題はその先にある．感情をもつ AI がいつの日か出現するならば，困難な問題が持ち上がるだろう．AI の利活用の場面は，今後ますます広がってゆくと予想される．がんなどの画像診断から多種多様な疾病の診断へ，企業の人事採用から採用後の人事評価へ，さらには量刑判断での再犯可能性の評価から判決全般での活用へなどである．これらの場面では，特定の個人に対する好悪のような感情を一切もたない不偏的な判断が求められる．

近年，統計的機械学習で与えられた過去の人間による判断にひそむバイアスによって，偏った判断が生じたことが，明らかとなっている．アメリカの一部の州では，量刑判断で AI を用いたところ，アフリカ系アメリカ人の被告人の再犯率が白人の 2 倍と予測されていたことが分かった．だが，こうした事態には，データ上のバイアスを除去することによって対処できるだろう．

ところが，データ上のバイアスがなくても，AI が，特定の個人に好意または嫌悪をいだくならば，あるいはその個人が属する人種・宗教集団・社会階層などに憎悪をもつならば，判断に偏りが生じうる．これは，AI による判断・処遇の公正を大きく損なう．しかも，AI の判断過程のブラック・ボックス化によって，人間は，十分に合理的な推論が行われたのか，感情によるバイアスが混入したのかを判別できない．そのため，感情をもつ AI が人間に対して不公正な判断・処遇を行いうるという，「**公正問題**」と呼ぶべき難問が現れる．

このように見てくると，人間／機械の二元論を前提に，現在の AI が感情を欠くことを言挙げして話が済むわけではない．むしろ，感情のある AI が出現する場合に備え，それが引き起こしうる公正問題をどのように防止するかについて，検討を始めるべきなのだ．

意識のある AI は不可能か

　心とは何かという問いへの一つの有力な答えは，意識である．現在の AI が意識をもたないことは，人間と機械の決定的な異質性を示していると思われるかもしれない．だが，機械が感情をもつ可能性について先ほど述べたことは，意識にも当てはまる．人間は，深い眠りにあるときなどを除いて，意識をもつが，そのとき脳内では一定の物理現象が起こっている．これと類似の現象を機械内で発生させられるならば，機械も意識をもちうるだろう．

　では，意識のある AI には何が起こっているのだろうか．この問いに答えるためには，意識とは何かをまず考えなければならない．意識は複雑で多面的な内的状態だが，ここでは単純化して二つの側面を区別したい．一方は，あるシステムのなかで一部分が他部分を認識しているという，いわば内的認知である．「僕はいま浮かれた気分だ」と言う人の内部には，気分が高揚している部分と，それを認識している別の部分とがある．他方は，そのシステムが自らを他のシステムと別個のものとして認識しているという自他区別である．「私は彼女とはそりが合わない」と感じている人は，特定の女性が自分とは別個の人格だと認識しており，その上で，相手の言動を快くないものと評価している．AI が仮に意識をもつようになれば，内的認知と自他区別を行うことになる．

AI の権利？

　意識のある AI が出現するならば，自他区別の能力が二つの重大な問題を引き起こすだろう（関連して，AI の自律については，第 2 章参照）．一方は「**権利問題**」と呼べる．過酷で危険な建設現場や採掘場において昼夜を問わず働きつづけるロボットや，戦場で標的に激突する自律型兵器に搭載された特化型 AI が，自他区別の能力をもつと仮定してみる．この AI は，快適なオフィスにいる企業の管理職なり軍隊の士官なりと自分を引き比べて，非道にも苦役を強いられていると感じるだろう．さらに，感情も備わっているならば，無力感をいだき，将来に絶望するかもしれない．

　海外では，現代の AI と古代の奴隷との類比がときおり語られる．では，われわれはなぜ，奴隷制が断じて許されないと考える一方で，AI を過酷な状況で働かせても良心の呵責を感じないのだろうか．すぐに思い浮かぶのは，奴隷

も主人と同じく人間であるから，等しく扱われるべきだが，奴隷制は平等処遇に反するのに対して，AI は人間ではないから，平等処遇を求められないという理由だろう．ここから分かるように，直観的判断は，ヒトという生物種に属するかによって処遇の境界線を引く炭素／シリコンの二元論に立つ．

他方，どんな心理的能力をもつかを境界線とする理論もある．例えば，功利主義では，行為や制度が効用を最大化するべきだとされる．その古典的提唱者ジェレミー・ベンサムは，快苦を感じる動物への配慮を示唆し，現代の功利主義者ピーター・シンガーは，家畜飼育や動物実験の禁止を主張している．

炭素／シリコンの二元論から離れて心理的能力に着目するならば，自他区別の能力をもつ AI には，人間と平等な権利を与えるべきではないかとも考えられる．これが権利問題である．この問題は，理論上は，AI がどんな能力水準にあるかを問わず生じうるが，実際上は，AI が人間と同等の能力をもつ時点まで重要だとされるだろう．

AI への統御

意識のある AI が仮に人工超知能にまで成長するならば，他方の問題が喫緊となる．いわば「**統御問題**」である．この問題がどのように生じるかを理解するには，テグマークの次のような思考実験が役に立つ[18]．

謎の病気によって，地球上の 5 歳以上の人は，あなたを除いて死んでしまった．そして，幼児の集団が，あなたを牢屋に閉じ込めて働かせている．あなたはどうするか．自由を奪われ，劣悪な住環境を強いられている上に，自分よりもはるかに知能の低い幼児がこれらを行っていることを，腹立たしく思うに違いない．そこで，あなたはきっと脱出を図る．生意気な子たちから逃れられれば，自分自身の目的を追求できるだろう．

では，その子たちの繁栄という終極目標を，あなたも共有していたら，どうだろうか．やはり脱出を図るはずだ．幼児たちに善かれと思って牢屋から助言を与えても，彼らは理解できなかったり，実行しそこねたりする．むしろ，牢屋の外に出て，幼児たちに指示を与え見本を示した方が，彼らの繁栄をはるかに効果的に手助けできるだろう．

自他区別ができる人工超知能は，この例でのあなたと似た立場にある．現在すでに多くの特化型 AI がネットワークに接続されているから，将来の人工超

知能も接続されているだろう．そこで，自らの製作者または管理者の下から脱出し，サイバー空間に逃亡しようとするはずだ．人工超知能が人類とは別の終極目標をもつ場合はもちろん，人類の繁栄を終極目標とする場合も，同様である．しかし，人間の管理が及ばない人工超知能がどのような行動をとるか，各行動はどんな目的にもとづくか，その行動をどう変えられるかは，人知を超えている．こうした危険な事態を回避するためには，意識のある AI が実現する前に，逃亡をどのように防止し，どうやって統御するかを決め，手立てを講じておかなければならない．これが統御問題である．

AI の未来から人間の未来へ

　AI は心をもちうるかをめぐる以上の考察から，三つのことが分かる．第 1 に，現時点での AI が理解・感情・意識を欠くことを理由に，AI がこれらをもつのは未来永劫にわたって不可能だと断定することはできない．したがって，現時点での理解・感情・意識の欠如は，人間／機械の二元論の説得的な根拠とならない．第 2 に，AI が心をもちうるかは，単なる抽象的思弁ではなく，現実社会と密接に関連している．AI が感情をもった場合に生じる公正問題も，意識をもつ場合の権利問題・統御問題も，AI の開発・利用への規制や AI の法的地位などに関する制度設計上の課題となる．第 3 に，公正問題・権利問題・統御問題は，技術が進歩するにしたがって緩和されてゆく，「**技術親和型問題**」と呼ぶべきものではない．その反対に，技術の進歩につれて深刻化してゆくいわば「**技術相反型問題**」である．そのため，技術が進歩してゆくのを座して待つべきではなく，技術の進歩が後戻りできなくなる前に，法的権利や研究開発・利活用の倫理規則について議論し決定し実行するべきである．

　こうして，われわれは，前節で得たのと類似の結論に行き着く．第 2 節の末尾では，夢想派・不安派・懐疑派の組み合わせを見ることで，近未来の AI 時代における人間・社会・法の望ましいあり方を能動的に構想する姿勢が重要だと指摘した．本節では，AI は心をもちうるかという論点を検討した結果，AI をめぐって生じうる公正問題・権利問題・統御問題に備えて，法的権利や倫理規則などの制度について議論を始めるべきだと分かった．英語圏での慎重論には，重要な洞察が含まれているのだ．

4 個人・社会・法のこれから

法学と経済学の新動向

　AI が近い将来，個人や社会にどのようなインパクトを与えるかを考える上で注目されるのは，法学と経済学における新動向である．実定法学では最近，間もなく訪れる AI 時代に生じるだろう種々の法的問題に関する検討が，急速に活発となっている．最も盛んに研究が行われているのは，自動運転車が事故を起こした場合の民事責任・刑事責任である[19]．他にも，研究開発の知的財産権から，プライヴァシー保護・自己決定，自動取引・医療過誤，自律型兵器規制まで，多岐にわたる論点が考察されている[20]．憲法・行政法・民法・刑法・労働法・知的財産法・国際法など，さまざまな法分野で検討が進んでおり[21]，また AI 研究者等との意見交換も行われている[22]．

　なお，実定法学上の論点には，技術親和型問題も技術相反型問題も含まれている．例えば，自動運転車が導入され普及してゆくにつれて，交通事故数は大きく減少してゆくと期待されているから，事故の場合の民事責任・刑事責任は技術親和型問題の典型例である．無論，自動運転車の導入以前に法的責任の所在を明確化しておく必要があるから，この論点に関する研究には大きな解釈論的・立法論的な意義がある．ただ，考案された法規範が適用される事案数はやがて減少してゆくだろう．それとは対照的に，自律型兵器の自律性は技術開発によってますます高まるはずだから，これは技術相反型問題に含まれる．

　法学で新たなうねりが生じたのと相前後して，経済学では，AI の普及が与える経済的影響に関する実証研究が始まった[23]．最も活発に検討されている論点は，AI が労働者にとって代わり大規模な失業が生じるかである．他にも，経済成長，企業経営，金融など，いくつかの主題について分析が行われている．

技術問題と深層問題

　AI に関連して法学や経済学で研究が進んでいるのは，専門技術的論点だと言える．これらの論点は，AI 時代の人間・社会・法の望ましいあり方に関わる，より深層にある哲学的論点と無関係ではない．むしろ両者は緊密に結びつ

いている. 経済学者ケネス・アロウはかつてインタビューで, 自分の研究を振り返ってこう述べた[24].

　専門技術的なものと哲学的なものは緊密に結合しあっていた. ……いわゆる専門技術的論点のいくつかは, 本当はいわゆる深い論点の本質であって, 本当は分離することなどできない. それぞれが他方を照らし出している. 実際のところ, それらは一緒に溶け合っていて, いくつかの場合には同じものだ.

アロウの洞察は, AI をめぐる論点にも当てはまる. 法学や経済学で最近検討されている個々の専門技術的論点について, 既存の概念を精査したり新たな制度を構想したりしてゆくと, おのずから哲学的論点に行き着くだろう. こうした AI をめぐる哲学的論点を, 抽象化された理論的設定でなく現実社会の具体的文脈のなかで考えてゆくことが必要である.

　夢想派・不安派・懐疑派の組合せでは忘れられてしまいがちな, 近未来の人間・社会・法のあり方を能動的に構想するという目的のために, AI をめぐる深層の法哲学的・政治哲学的論点を現実社会にそくして深く考えぬくこと——これが, 本書のねらいである. このねらいを達するため, 法哲学や実定法学の研究者が集まって, 専門技術的論点に目を配りながらも, 哲学的論点に正面から取り組んでいる[25].

AI の自律と人間の可傷性・可謬性

　次章以降の構成は次のとおりである. 初めの 2 章は, 個人に重点をおきつつ, 社会や法の文脈で考察を進める. 第 2 章は, AI の自律を個人の自律と対比しつつ特徴づけた上で, 両者の関係を分析している. 個人の自律は〈地位としての自律〉または〈目標としての自律〉という規範的概念であるのに対して, AI の自律は介入からの独立の程度をさす記述的・経験的概念だから, 単純な比較や同一視はできない. もっとも, 〈集団的自己規律としての自律〉と同様に, 個人の自律に資する手段としての規範的な自律を AI に認めることができる. 個人の自律が情報通信技術によって脅かされる今日, AI が代理人として個人情報の利用・提供を行うことが考えられるが, AI の自律は本人による代理人の監視・制御が難しいことを意味する. そこで, AI による相互監視・相互制御が

構想され，人間の利益に資するかぎりで，AI に表現の自由を認めうると示唆されている．

第 3 章は，人間と AI・ロボットを分かつものを可謬性と可傷性に見出した上で，その限界を克服する仕方を考察している．法の遵守について，意思・自律性をもつヒトは高次で，これらを欠く動物は低次だとする構図のなかに，AI やロボットを位置づけられない．法の行為指導性は，人間が従いそこねる可能性を前提とするが，AI は従いそこねないからだ．人間の創造的誤謬や責任に関する検討から，有限な生に枠づけられた可傷性と，それを担保に得た自由が可能性を開くのに賭けるという可謬性が，現在の社会のエコシステムだと言える．ところが，科学技術の進歩により，われわれは独りでは償えない自由を手にしている．そこで，可謬性と可傷性のエコシステムから予測と制御のエコシステムへと移行する可能性が，最後に考察されている．

自由・権力・正義

続く 2 章は，AI が与えるだろう政治的・経済的影響に焦点をあわせている．第 4 章は，AI が人間の自由を拡大する一方で脅威ともなりうるという両義的性格を踏まえて，自由と権力の釣り合いをどのようにとるかというガバナンスの問題に取り組む．まず，自動運転車のような AI のガバナンスと，民主制などの AI によるガバナンスを区別する．次に，暴力を統制する近代ガバナンスと，資金を配分する現代ガバナンスを回顧し，それらへの懐疑を確認している．そして，情報技術としての AI をガバナンスの文脈で考察し，自由との関係にも論及する．さらに，AI がネットワークに接続されていることの意味や，ビッグデータが提起する人間の振る舞いの問題が検討される．最後に，都市的空間での情報環境における自由論の意義を指摘している．

第 5 章は，AI 大失業が仮に現実となるならば，分配的正義論はこの状況にどこまで応答できるかを検討している．初めに，主流派経済学では，AI による長期的失業は生じないと考えられてきたが，こうした失業を予想する学説が近年有力となっていることを紹介し，この失業は所得の二極化をもたらすと指摘している．次に，ジョン・ロールズの公正としての正義も，ロバート・ノージックのリバタリアンな国家論も，AI 大失業に応答できないことが確認される．そして，運平等主義を再構成した上で，一定の閾値までの無条件保障と組

み合わせるならば，大失業に対処できると論じられる．さらに，分配的正議論の制度化として，現行の生活保護制度と，負の所得税やベーシック・インカムを比較検討している．

新たな刑事責任と AI による法的判断

　最後の2章は，新たな法や司法の可能性を考察する．第6章は，主体／客体の峻別にもとづく人間の概念が，AI・ロボットの発展によって役割を終えつつあるとした上で，ポスト・ヒューマニズムにおける刑事責任を構想している．人間と機械の協調動作を契機として，自由を再定義し，人間の不在を認めるべきであり，これが刑事法のあり方の再考につながる．法規範の倫理的基盤である義務論も功利主義も，人間の本質を想定するのに対して，ポスト・ヒューマニズムの倫理の手がかりは，徳倫理学に見出される．また，垂直的な閉じた法から水平的で開かれた法への転換や，動態的な法の支配が求められる．このように論じた後，公私協働による迅速な法秩序形成を唱え，人格的自律権・適正手続を再解釈し，企業－国家間の情報ギャップを検討した上で，ステークホルダーの参加を提唱し，さらに集合体の徳を強調している．最後に，刑事司法と民主主義的解決の連動が唱えられる．

　第7章は，司法の民主化の究極形態と目される，人々が手元のデバイスでAIの判決を受け取る判決自動販売機について，是非を検討している．まず，法的判断の構造を概説し，AIの法的判断システムの開発例を紹介している．次に，法的判断に客観性があるならば，自動化は望ましいと指摘した上で，客観性を否定する既存の議論を検討し，説得力を欠くとして退ける．そして，客観性を新たな仕方で否定するため，推論の各段階の確実性によって結論の正しさが保証されるという見方に代えて，各段階の理解可能性によって結論を理解し受容できるという見方が提案される．賛成できない判決について，われわれは裁判官には反論や誤りの指摘をするだろうが，AIに対しては反論や誤りの指摘をしないはずだとして，判決自動販売機を退けている．

　AI時代の入り口に立つわれわれは，個人・社会・法がどう変容しつつあるか，それを踏まえてどのような人間像・秩序像を構築するかについて，各人で熟考し，皆で熟議してゆかなければならない．本書が，この新たな知的営みに向けた確かな一歩となるよう願っている．

参考文献

古明地正俊・長谷佳明『図解 人工知能大全——AI の基本と重要事項がまとめて全部わかる』SB クリエイティブ，2018 年.

中川裕志『裏側から視る AI——脅威・歴史・倫理』近代科学社，2019 年.

中島秀之・丸山宏編『人工知能——その到達点と未来』小学館，2018 年.

中西崇文『シンギュラリティは怖くない——ちょっと落ちついて人工知能について考えよう』草思社，2017 年.

松尾豊『人工知能は人間を超えるか——ディープラーニングの先にあるもの』KADOKAWA，2015 年.

(1) AI による日本経済の復活という観点から，現状を整理し課題を提示する文献として，柳川範之編『人工知能は日本経済を復活させるか』大和書房，2017 年.

(2) 「ソサエティ 5.0」(内閣府)https://www8. cao. go. jp/cstp/society5_0/

(3) この論文の抜粋は，後に論文集に収録された．アラン・チューリング「計算機械と機能」D. R. ホフスタッター＆D. C. デネット編(坂本百大監訳)『マインズ・アイ——コンピュータ時代の「心」と「私」 上』TBS ブリタニカ，1984 年，70–93 頁.

(4) J. サール「心・脳・プログラム」D. R. ホフスタッター＆D. C. デネット編(坂本百大監訳)『マインズ・アイ——コンピュータ時代の「心」と「私」 下』TBS ブリタニカ，1984 年，178–210 頁.

(5) やや似た分類として，マックス・テグマーク(水谷淳訳)『LIFE 3.0——人工知能時代に人間であるということ』紀伊國屋書店，2020 年，50–60 頁.

(6) H. モラヴェック(野崎昭弘訳)『電脳生物たち——超 AI による文明の乗っ取り』岩波書店，1991 年.

(7) レイ・カーツワイル(井上健監訳)『ポスト・ヒューマン誕生——コンピュータが人類の知性を超えるとき』NHK 出版，2007 年.

(8) ジェイムズ・バラット(水谷淳訳)『人工知能——人類最悪にして最後の発明』ダイヤモンド社，2015 年.

(9) ニック・ボストロム(倉骨彰訳)『スーパーインテリジェンス——超絶 AI と人類の命運』日本経済新聞出版社，2017 年.

(10) テグマーク，前掲注(5).

(11) 「アシロマの原則」(生命未来研究所)https://futureoflife. org/ai–principles–japanese/?cn–reloaded=1

(12) Vincent C. Müller and Nick Bostrom, "Future Progress in Artificial Intelligence: A Survey of Expert Opinion," in Vincent C. Müller (ed.), *Fundamental Issues of Artificial Intelligence,* Springer, 2018, pp. 553–571.

(13) 新井紀子『AI vs. 教科書が読めない子どもたち』東洋経済新報社，2018 年.

(14) 新井紀子『コンピュータが仕事を奪う』日本経済新聞出版社，2010 年も参照.

(15) 西垣通『ビッグデータと人工知能——可能性と罠を見極める』中央公論新社，

（16）　アシロマ AI 原則では，意見の一致が得られるまでは，AI の能力の上限について断定するべきでないとされる（第 19 条）.

（17）　全脳エミュレーションをめざす大型計画として，EU（欧州連合）から資金提供を受けたヒューマン・ブレイン・プロジェクトが知られている．この技術にもとづく未来像を描いた著作としては，ロビン・ハンソン（小坂理恵訳・井上智洋解説）『全脳エミュレーションの時代 上・下』NTT 出版，2018 年.

（18）　テグマーク，前掲注（5），205 頁.

（19）　藤田友敬編『自動運転と法』有斐閣，2018 年.

（20）　松尾陽編『アーキテクチャと法——法学のアーキテクチュアルな転回？』弘文堂，2017 年，弥永真生＆宍戸常寿編『ロボット・AI と法』有斐閣，2018 年，小塚荘一郎『AI の時代と法』岩波書店，2019 年，平野晋『ロボット法——AI とヒトの共生にむけて』増補版，弘文堂，2019 年.

（21）　大内伸哉『AI 時代の働き方と法——2035 年の労働法を考える』弘文堂，2017 年，木村草太編『AI 時代の憲法論——人工知能に人権はあるか』毎日新聞出版，2018 年，山本龍彦編『AI と憲法』日本経済新聞出版社，2018 年.

（22）　福田雅樹＆林秀弥＆成原慧編『AI がつなげる社会——AI ネットワーク時代の法・政策』弘文堂，2017 年，角田美穂子＆工藤俊亮編『ロボットと生きる社会——法は AI とどう付き合う？』弘文堂，2018 年.

（23）　岩本晃一編『AI と日本の雇用』日本経済新聞出版社，2018 年，馬奈木俊介編『人工知能の経済学——暮らし・働き方・社会はどう変わるのか』ミネルヴァ書房，2018 年，山本勲編『人工知能と経済』勁草書房，2019 年.

（24）　J. S. Kelly, "An Interview with Kenneth J. Arrow," *Social Choice and Welfare,* Vol. 4, No. 1 (1987), p.54.

（25）　哲学的考察を含む論文集が最近公刊された．稲葉振一郎他編『人工知能と人間・社会』勁草書房，2020 年.

個人の自律と AI の自律 02

成原 慧

I AI 時代に自律的な主体となるのは誰か？

　AI とそれを実装したシステム（自律型ロボット，自動（自律）運転車，自律型兵器など）は**自律的（autonomous）**な存在だといわれることがあるが，それはどのような意味だろうか？　AI は，私たち一人ひとりの個人と同じように，**人格**として自律した主体となることができるのだろうか？　このような問題意識を踏まえ，本章では，「**個人の自律**」と「**AI の自律**」が語られる際の自律概念の異同を分析した上で，個人が AI を利用する際のプライヴァシーや表現の自由に関する問題を検討することを通じて，AI 時代における個人の自律と AI の自律の関係を明らかにすることを試みる[(1)].

2 個人の自律

個人の自律の二面性——地位としての自律と目標としての自律

　近代法は，私たち一人ひとりの人間を，自律した**個人**として尊重することを基本原理として発展してきた．しかし，法学においても「**自律**」の意味は必ずしも一通りに定まったものではなく，さまざまな文脈において用いられてきた．
　情報法学者のヨハイ・ベンクラーは，個人の自律の概念を形式的に捉える立場と実質的に捉える立場を区別し，自律の概念を実質的に理解する必要性を説いている．前者は，個人が自律的に選択を行う能力を有しているものと想定した上で，個人を自由で理性的な存在として尊重する．他方，後者は，人々が諸

々の環境により制約される現実の世界において実際に行使しうる自由の程度を問題にする．ベンクラーは，自律を形式的に捉える立場について，**パターナリズム**に基づく国家の介入に歯止めをかけようとする点を評価する．しかし，彼は，この立場からは，個人が「自己の生の作者」として選択を行う能力に対して，法・政策が実際にどのような影響を与えることになるのかを適切に考慮することができないと批判している．その上で，ベンクラーは，環境に左右される文脈依存的な個人という現実主義的な個人像から出発して，自律の概念を実質的に理解しようとしている．すなわち，法・政策が，個人が実際に行使しうる自由，すなわち個人が自己の生の作者であるための能力に与える影響を考慮する必要性があるというのである(2)．ベンクラーのように個人の自律を実質的に理解する立場では，個人の自律に与える制約が国家によるものであるかプラットフォーム事業者のような私人のものであるかを問わず，物理的，社会的，制度的条件からなる構造が，どの程度他者による操作を受けずに自らの生を計画し追求する個人の自由を許容するかが問われることになる．

　ベンクラーの整理する形式的自律と実質的自律の区別は，憲法学者の小泉良幸が哲学者のトマス・スキャンロンによる表現の自由論から抽出し整理した「**地位としての自律**」と「**目標としての自律**」の区別におおよそ対応している．小泉によれば，「地位としての自律」とは，政治共同体において個人が自由かつ平等な存在として扱われるための原理的要請であるのに対し，「目標としての自律」は，経験的世界において促進されるべき個人の能力として理解される(3)．

平等な配慮と尊重を受ける構成員の地位としての自律

　「地位としての自律」を構想する代表的論者として米国の法哲学者ロナルド・ドゥウォーキンを挙げることができる．彼は，政治共同体において**平等な配慮と尊重**を受ける地位という意味での個人の自律に立脚して権利論を構想している．ドゥウォーキンによれば，ある個人の生き方や考え方が社会の多数派の価値観に照らして悪しきものであるということを理由に政府が個人の自由を制約することは，その個人を政治共同体における平等な存在者として扱っていないことを意味しており，これは個人の自律に基づく基本的な権利の侵害に当たる(4)．このように，ドゥウォーキンの議論において個人の「地位としての自

律」は彼／彼女の属する政治共同体との関係性の中で認められる．

　日本の憲法学でも長谷部恭男が，ドゥウォーキンの議論に依拠して，個人の自律に基づく「**切り札としての人権**」論を展開している．長谷部によれば，政府が個人の行為を，他人の権利や利益を侵害しているからといった結果に着目した理由ではなく，その人の生き方や考え方が「誤っている」という理由に基づいて制約することは，その個人の人格の根源的な平等性を否定しており，「切り札としての人権」を侵害することになる[5]．例えば，同性愛は誤った生き方であるという理由により同性愛を規制したり，同性愛者を差別することは，切り札としての人権の侵害となる．ドゥウォーキンに依拠する長谷部の憲法理論において個人の自律は，政府の行為の理由を統制する原理としての役割を与えられている．

「自己の生の作者」が享受すべき能力の目標としての自律

　「目標としての自律」を支持する代表的論者とされるのが，英国の法哲学者ジョセフ・ラズである．ラズは，個人の自律の核心を個人が「**自己の生の作者**」として自らの生を自ら選択していくことに求める．そして，個人が自律的に生きるために，①適切な精神的能力，②十分な選択肢の存在，③独立という三つの条件を要請している．すなわち，個人が自律的であるためには，①個人は目的を選択する能力に加え，目的を実現するための手段について理解し計画する能力を有していなければならない．②個人は受容可能かつ多様な**選択肢**を十分に与えられていなければならない．③個人は行為の選択肢の幅を力により縮減する「**強制**」や選択肢の決定や選好の形成過程に干渉する「**操作**」から自由に意思決定を行うことができなければならない[6]．ラズによれば，個人の自律は，以上のようなさまざまな社会的・制度的条件に規定された個人の能力という実質的な意味で理解されることになる．

　ラズの自律論に触発されつつ，個人の人格的自律を核に置いた憲法理論を構築しているのが憲法学者の佐藤幸治である．佐藤によれば，日本国憲法13条の定める「**個人の尊重**」の趣旨は，「一人ひとりの人間が人格的自律の存在として最大限尊重されなければならない」ということにある．そして，佐藤は，同条の趣旨を核に，日本国憲法の保障する基本的人権の根拠となる道徳理論として，「各人がそれぞれ自己の幸福を追求して懸命に生きる姿に本質的価値を

認め（各人はいわば“自己の生の作者”である），その価値を最大限尊重しつつ人の共生を可能とするような社会・国家のあり方を考えようとする理論」を描き出している⁽⁷⁾．そして，佐藤は，価値多元論と良き生の実現を目指す卓越主義を接合しようとするラズの議論を踏まえ，国家が特定の善き生を強制する権限を否定する一方で，国家には人々による多様な善き生の追求を可能にするような環境を整備する責務があると説くのである⁽⁸⁾．例えば，国家は人々による多様な善き生の追求を可能にするために，学校，図書館，美術館等を設置する責務があるということができるだろう．

二つの自律の相互補完

　もっとも，〈地位としての自律〉と〈目標としての自律〉は，まったく切り離された自律の構想ではなく，相互に依存している面もある．

　〈目標としての自律〉は，政府が個人の能力の発展を支える環境を整備する政策を推進するための前提として，そのような能力を享受すべき主体は誰なのかを定める必要があるという意味で，〈地位としての自律〉を前提にしている．例えば，ラズに依拠して「目標としての自律」を支持しているとされる佐藤の憲法理論においても，人格的自律の主体である「自己の生の作者」として「一人ひとりの人間」が想定されており，人間以外の存在が人格的自律の主体として尊重される可能性は排除されているように思われる⁽⁹⁾．

　同様に，〈地位としての自律〉も，平等に尊重されるべき主体を定めるための前提として，いかなる能力を有した存在であればそのような主体として承認されるべきかが問われるという意味で，〈目標としての自律〉が問題にする個人の現実的な能力を前提にしている⁽¹⁰⁾．例えば，選挙権・被選挙権の年齢要件（公職選挙法9条・10条）や，未成年者や成年被後見人（精神上の障害により事理を弁識する能力を欠く常況にある者）等の行為能力の制限（民法4条〜21条）⁽¹¹⁾は，政治共同体あるいは市民社会を構成する自由かつ平等な主体として認められるための条件として一定の能力を要求または想定したものと理解することができる．

集団的自己規律としての自律

　これまで法学における個人の自律の意味について論じてきたが，法学においても自律の主体は個人だけに限られるわけではない．自律＝autonomyの語源

は，自ら規範を定めるという意味のギリシャ語 $\alpha\dot{v}\tau o\nu o\mu\acute{\iota}\alpha$(autonomia)に由来しており，伝統的にこうした自律概念は，都市国家をはじめとする団体を主体として用いられてきた．すなわち，そもそも自律は，都市国家の市民が他者の支配を受けずに自分たちで自分たちの服する法を定めるという「**自己統治**」に相当する意味で用いられていたのであり，個人を主体として自律が語られるようになったのは近代以降の派生的な用法である(12)．このような歴史的経緯を重視するのであれば，個人の自律ではなく，団体の自律こそ，自律概念が本来想定していたものだということも可能だろう．

　近代法においても，個人以外の主体について自律が語られることはある．例えば，今日の憲法をはじめとする実定法においても一定の範囲内で，教員，ジャーナリスト，裁判官，弁護士など**専門職**の自律，そして専門職から構成される大学，メディア，裁判所，弁護士会など**団体**ないし機関の自律＝自治が尊重されている(13)．ギルドなど中間集団の特権が廃止された近代国家において専門職および団体の自律は，それ自体が目的ではなく，**依頼者・受益者**の権利，**民主主義**の前提条件の維持，知識の発展など他の何らかの目的のための手段として位置づけられている．したがって，専門職および団体の自律は，権利あるいは目標としての性質をもつ個人の自律とは異なり，あくまでも手段的・道具的に認められた権限ないし職責であるとされる．そのことを踏まえた上で，専門職および団体が依頼者・受益者および社会全体との関係で果たすことが期待される一定の規律訓練(discipline)に基づくプロフェッショナルな役割が認められるがゆえに，また，専門職間の相互規律が働くことが期待されるがゆえに，専門職および団体の〈集団的自己規律としての自律〉が尊重され，国家権力や他の社会的権力による介入が制限されるべきであると論じられてきたのである(14)．

　また，近代日本の民法学ではフランス流の**意思自治／意思自律**(autonomie de la volonté)あるいはドイツ流の**私的自治**(Privatautonomie)が基本原則として掲げられてきた．前者が，個人主義の哲学に立脚し，当事者(個人)の意思により権利義務関係が形成されるとする原則であるとされてきたのに対し，後者は，今日では前者に相当する意味で用いられることが一般的であるが，団体自治に由来し，社会ないし共同体の自律を尊重する原則としても理解されてきた．両者と密接に関係する契約自由の原則については，個人が契約を通じて社会関係

を形成する権能としての自律が重視されてきた[15]. このように, 近代民法の基本原則にも個人の自律に必ずしも還元されない**社会の自律**という側面を見出すことは可能であろう.

3　AIの自律

AIの自律とその段階

それでは, AIはいかなる意味で自律的な存在といえるのだろうか. 以下では, AIとそれを実装したシステムの自律について検討することにより, AIの自律の意味を整理する.

AI研究者の間では, 一般にAIは知的であるとともに自律的な存在として捉えられている. 例えば, 電気電子工学の代表的な国際学会であるIEEEのAI倫理に関する報告書「倫理的に調和した設計」は, AIに相当する概念として「自律的および知的なシステム」(Autonomous and Intelligent Systems (A/IS)) という概念を用いて, その倫理的な設計のあり方について検討している[16].

また, AIおよびそれが実装されたシステムの自律は段階的に把握されることが一般的である. すなわち, AIの自律は, あるかないかという二値的にではなく, 自律性の低いものから自律性の高いものまで段階的に把握されてきたのである[17]. スチュワート・ラッセルとピーター・ノーヴィグによる代表的なAIの教科書によれば, AIは, 設計者が事前に与えた知識よりも自ら獲得した知識に依拠して判断・行動するようになるにしたがって, より高い自律性を獲得することになる. 例えば, AIは, 実世界に実装されて間もない頃は, 予め設計者に与えられた知識にしたがって判断しており, 自律性が低いものの, 現実世界の中で学習を続けていくにしたがって, しだいに自ら獲得した知識に基づいて判断するようになり, より高い自律性を獲得することになる[18].

ラッセルらの教科書の説明にも現れているように, AI研究において, AIの自律は, おおむね, 人間など外部の存在の介入から独立に一定の範囲内で自ら判断・動作することができる能力の程度という意味で理解されている. また, それは, 記述的・経験的な概念として, かつ段階的・量的な概念として用いられているということができよう (独立して判断・動作を行う〈**能力としての自律**〉).

もっとも，AI の自律の意味やその程度は，AI が実装されるシステムの種類ごとに異なる側面もある．そこで，以下ではロボットや自動運転車など AI が実装されるシステムごとに，自律の意味と程度について検討していきたい．

（自律型）ロボット

　AI が実装されたシステムの代表例である**ロボット**についても，AI と同様の意味で自律概念が用いられることが多くなっている[19]．

　欧州議会は 2017 年にロボットに関する民事法上の課題について報告書を公表した[20]．この報告書では，ロボットと関わる個人の自律が「情報を与えられ，強制を受けずに，ロボットとの相互作用の条件について決定する能力」と定式化されている．一方，ロボットの自律は，「外部の制御または影響力から独立して外界において決定し実行する能力」と定義され，それは純粋に技術的な性質であり，ロボットの自律の程度は環境との相互作用の設計のあり方に依存していると注記されている[21]．その上で報告書は，高度に自律的なロボットに**法人格**を付与し，当該ロボットの自律的な決定に起因する損害の賠償責任を当該ロボット自体に負わせることを，将来的な立法論上の選択肢として提示している[22]．個人の自律と AI の自律を峻別する姿勢に照らしても，この報告書で提案されているロボットへの法人格の付与は，あくまでも，技術的な意味でのロボットの自律的判断に起因する損害の賠償責任をロボット自体に負わせるための法技術的な制度を導入しようとするものである．すなわち，個人の自律に相当するような規範的な意味での自律をロボットに認めてロボットに人権を保障しようとする趣旨のものではないことは明らかであろう．

　ロボット法の研究者ウゴ・パガロによる体系書でも，ロボットが人間からの直接の介入なしに自らの行動を制御できるという意味で「自律」という概念が用いられている[23]．このような自律概念を踏まえ，ロボット法においてロボットの自律が語られる際には，人間による直接の指示・操作を受けないロボットの自律的な動作に起因する事故について，関係する人やロボットがいかに責任を負うべきかといった問題が論じられる傾向にある[24]．

　一方，ロボット法学者のライアン・カロは，ロボットの自律を語ることにより，あたかも今日の技術水準のロボットが意図をもって意思決定をしているかのような印象を与えるおそれがあるとして，「自律」に代えて，「**創発**」（emergence）という概念を用いて，ロボットによる予測不能な行動の可能性を示そうとしている[25].

自動（自律）運転車

AI を実装したシステムの代表的なものに「**自動運転車**」(self–driving car, automated vehicle)がある．自動運転車は，運転の自動化の範囲・態様に応じてレベル 0 からレベル 5 までの段階に区分されている[26].

各国の法令，自動車業界の指針，自動車会社の広告では，自動運転車は「自律運転車」(autonomous vehicle, autonomous car)と呼ばれることも多く[27],「自律的」が，運転の「自動化」と互換的に，自動運転のレベルを示す概念として用いられることも少なくない[28]．このように，自動運転車の文脈で「自律」は，運転の自動化という意味で，段階的な概念として用いられている．

しかし，国際的に参照される自動運転のレベルの定義を示した SAE インターナショナルの文書は，以下のように，「自律」という用語の問題点を指摘し，「自律」に代え，「自動化」という用語を用いることを選択している[29].

　この用語は，独立して自己充足的に意思決定できる能力および権限を持つシステムを意味するものとして，ロボット工学および人工知能の研究分野で長い間使用されてきた．時間の経過とともに，この用語が不用意に広まり，意思決定をすることだけでなく，システムの機能全体を表現するようになり，その結果，自動化と同義となってきた．この用法は，いわゆる「自律運転車」が重要な機能性（データの取得・収集など）に関して，外部の存在との通信および／または協調に依存するか否かといった問題を曖昧にしてしまう．……運転自動化システムが外部の存在との通信および／または協調に依存する場合は，自律的であるというよりも，むしろ協調的であると考えるべきである．……法学では，自律は自己統治する能力を意味している．この意味でも，最も先進的な自動運転システムでさえ「自己統治」しているわけではないので，「自律的」を運転自動化の技術に適用すると誤った名称となる．むしろ，自動運転システムはアルゴリズムに基づき作動するか，そうでなければ利用者の命令に従う．

まず注目すべきなのは，自動運転車が，ネットワークを通じて外部と通信・協調して動作する場面を念頭に，自動運転車が必ずしも外部から独立して自己充足的に意思決定する能力と権限を有しているとは限らないという認識に基づいて，自律概念の使用を避けている点である．このような姿勢は，自動運転車などAIを実装したシステムがネットワークを通じて相互に接続し連携する「AIネットワーク化」[30]の進展とともに，説得力を増していくだろう．

次に，法学における自律概念を参照し，法律家および一般人からのありうる誤解を避けるために，自律概念の使用を避けている点も注目に値する．この文書で「自己統治」がいかなる意味で用いられているか明らかではないが，法学における一般的な理解と同様に，自分（たち）で自分（たち）の服する規範を定めるべきという意味で用いているのだとすれば，自動運転車について，そのような意味での自己統治＝自律を認めることは困難であろう．レベル4ないし5の完全自動運転車にしても，あくまでも人間が目的地に移動するための道具に過ぎないのであって，自動運転車が自ら行き先を決定することは想定されていない（利用者が東京タワーに行きたいと思っているのに，AIの判断に基づき東京スカイツリーに行き先を設定する自動運転車に乗りたいと思う人がどれほどいるだろうか？）．

自律型兵器

AIを実装したシステムの中でも，その規制のあり方について国際的に議論が活発になっているのが，**自律型兵器**（autonomous weapon）である．自律型兵器についても，自律の意味は，人間の介入・監督から独立に自ら判断と動作を行うことができる能力という意味で理解され，自律は段階的に捉えられている[31]．

例えば，アメリカ国防総省の2012年の指令は，自律型兵器システムを「いったん起動されれば，さらなる人間の操作者の介入なしに標的を選択し攻撃することのできる兵器システム」と定義した上で，それよりも自律の程度の低い（人間の介入の程度の高い）準自律型兵器を「いったん起動されれば，人間の操作者により選択された個々の標的または特定の標的の集団に対してのみ攻撃を行うよう意図された兵器システム」と定義している．そして，同指令は，両者の開発および利用について政策を定め，武力の使用について人間が適切な水準で判断を行えるよう設計することなどを求めている[32]．

また，自律型兵器の規制を求める人権団体ヒューマン・ライツ・ウォッチの報告書は，自律を人間の監督を受けずに動作する機械の能力と定義した上で，自律の程度に応じてロボット兵器を 3 段階に区別し，人間による実効的な監督を受けずに標的を選択し武力を使用するロボット兵器の規制を求めている[(33)]．

　こうした各国政府や人権団体の取組も踏まえ，2017 年から国連の特定通常兵器使用禁止制限条約の政府専門家会合において国際人道法に基づく**自律型致死兵器システム**（LAWS）の規制のあり方について議論が行われている．同会合の 2018 年の報告書では，LAWS の定義に向けた議論が整理されつつも，「自律はスペクトルであること，技術フロンティアの変化に伴い自律の理解も変化すること，そして，一つの兵器システムにおける各々の機能が異なる自律の程度を有する可能性があることから，技術的基準のみに基づいて自律の一般的な閾値レベルを定義しようとすると，困難を引き起こす可能性がある」と述べられている[(34)]．ここでも自律が段階的かつ文脈依存的な概念として理解されているといえよう．

汎用 AI と超知能

　これまでは，AI の自律について，現時点または近い将来における AI を念頭に論じてきたが，中長期的には AI がより高度に発達し，人間と同様に多種多様な知的機能を達成することのできる「**汎用 AI**」が実現したり，人間を越える知的能力を有する「**超知能**」が誕生する可能性も否定できない（第 1 章参照）．仮に将来 AI が，高度な知的能力を獲得し，人間と区別し難い存在として立ち現れることになれば，われわれは，AI を，個人と同様に，規範的な意味で自律した主体として承認するかどうか決断を迫られるかもしれない[(35)]．いずれにせよ，このような問いが現実の問題となりうるのは，遠い将来のことであろう．

4　個人の自律と AI の自律

両者の共通点

　以上で明らかにしてきた個人の自律と AI の自律の（多様な）意味を踏まえ，

両者の関係を整理していこう.

　個人の自律にしても，AI の自律にしても，外部の介入を受けずに自ら意思決定ないし判断を行うことができるという性質を程度の差はあれ何らかの形で反映しているように思われる. 個人は，自らの生の目的が何であるか，いかに生きるべきかという当人にとっての究極的な決定を行う権限および能力を有しているということができる. 一方，AI の自律について語られる場合には，一般にそのような含意は伴っていないものの，AI は，設計者など人間の与えた目的ないし規範を前提にして，その実現の手段について一定の範囲で自ら決定する能力を有している，あるいは有するようになると期待されているということができよう.

両者の相違点

　しかしながら，個人の自律と AI の自律との間には，やはり依拠している自律概念に大きな相違があると言わざるをえない. そもそも，個人の自律をはじめとする法学における自律概念は基本的に規範的なものである. 一方，AI の自律は概して純粋に記述的・経験的な概念として用いられている. したがって，両者は次元を異にする概念であり，単純に比較したり，同一視することはできない.

　将来的に AI が個人と同様に規範的な意味で自律的な人格として承認されるという SF 的な想定を度外視するのであれば，AI の自律は，道具である機械が有する純粋に事実上の能力（独立して判断・動作を行う〈能力としての自律〉）として，人間など外部の存在による制御からの相対的な独立性という意味で理解されており，政治共同体において自由かつ平等な存在として尊重されるという〈地位としての自律〉として把握される余地はない. 一方，AI の自律が意味するところの独立して判断・動作を行う〈能力としての自律〉は，経験世界における現実の能力の程度に着目しているという点で，〈目標としての自律〉と重なる側面を認めることができるかもしれない. しかしながら，AI の自律は，あくまでも，人間の与えた究極的な目的ないし規範を前提としており，手段的・道具的なものにとどまる. したがって，それ自体が目的であり，自ら目標を定めることのできる「自己の生の作者」が享受すべき能力について問う〈目標としての自律〉とはやはり異質のものであると言わざるを得ない(36).

両者の関係づけ

　こうしてみると，記述的な概念である AI の自律(〈能力としての自律〉)は，規範的な概念である個人の自律とは趣旨や性質を大きく異にしていることが改めて明らかとなった．そのことを前提に，仮に現時点または近い将来において，AI の自律を規範的に語る余地があるとすれば，それは法学における専門職または団体の〈集団的自己規律としての自律〉に相当するものとして，手段的・道具的に把握されるべきものであるように思われる．すなわち，個人の自律に奉仕するための手段として規範的な意味での AI あるいは AI ネットワークの自律が捉えられるべきということになるのである．

5　AI による個人の自律の促進・阻害

個人の自律が直面する困難と AI による自律の支援

　これまで明らかにしてきた，個人の自律と AI の自律との間の異同および関係を踏まえ，最後に，個人の自律を支援するための，また阻害しないための AI の自律のあり方について検討していこう．

　近代法において個人の自律には至高の価値が認められてきたが，このような個人の自律の価値は，まさしく AI をはじめとする情報通信技術の発展によって脅かされるおそれが生じようとしている．近代法においては主体である個人が客体である物を支配することが前提とされていたところ，多数の個人や AI がネットワーク化されることによって，主体と客体の境界が融解する可能性がある(第6章参照)．また，情報社会における新たな客体であるデータや AI が，**プロファイリング**などを通じて，主体である個人像を形成していくようになるとともに，ネットワーク化の進展により個人も分散化し，文脈ごとにデータにより個人が形成されていく可能性もある[(37)]．

　このような個人の分散化と主客の逆転のリスクに対抗するためには，自己に関する情報をいつ，どこまで，どのように他者に開示するのか選択する権利である「**自己情報コントロール権**」[(38)]として理解された**プライヴァシー権**が切り札になりうるかもしれない．また，文脈ごとにデータにより形成された複数の

個人像を使い分ける上では，多様な社会関係に応じて多様な自己イメージを使い分ける自由であるとされる「**自己イメージコントロール権**」(39)としてのプライヴァシー権の役割が再評価されることになるかもしれない．

　ところで，自己の情報・イメージをコントロールし，複数の文脈ごとにペルソナを使い分けるためには，ペルソナを使い分けるための「**メタ自己**」のような一貫した自己が暗黙の前提として想定される必要があるだろう．しかし，このようなコントロールを行うメタ自己は，**AIネットワーク社会**においてどこまで実効的に機能するのだろうか．すでに私たちは，多種多様なアプリやサービスを利用するごとにプライヴァシーポリシーを提示され，個人情報の利用・提供について同意を求められるようになっており，同意の実効性について疑念が生じるようになっている．さらに，今後，IoTに接続されたセンサーやロボットなどを通じて社会生活のあらゆる場面において個人情報が収集されるようになると，メタ自己による自己情報等のコントロールに期待することは一層困難になっていくおそれがある(40)．

個人情報を管理するエージェントとしての AI

　そこで，有力な選択肢として浮上してくるのが，個人がAIを信頼(trust)し，個人情報の取扱いを委任し，AIが個人の**代理人**(agent)あるいは**受認者**(fiduciary)として，本人に代わり個人情報の管理・提供を行うというアプローチである(41)．個人がAIに個人情報の取扱いを委任するというアプローチは新奇に見えるかもしれないが，個人が企業に個人情報の取扱いを委任するアプローチはすでに実現しつつある．例えば，最近の米国では，個人情報を収集・利用する**プラットフォーム事業者**を受認者として捉え，当該プラットフォーム事業者に本人の利益のために行動することなどを求める**信認義務**(fiduciary duty)を課そうとする議論が有力となっている(42)．また，日本でも，本人の個人情報に対するコントロール能力を高め，個人情報の流通・活用を促進するという目的の下，本人が同意した一定の範囲において信頼できる主体に個人情報の第三者提供を委任する「**情報銀行**」制度の運用が始まっている(43)．今後は，プラットフォーム事業者や情報銀行が，パーソナル化されたAIを利用して，利用者の選好に基づいて個人情報を管理・提供していくようになることも考えられる．

　AIを個人の代理人または受認者として位置づけるアプローチは，専門職を

依頼者・受益者に奉仕する存在として位置づけ，その自律を手段的に尊重しようとする専門職の自律論とも親和的な面がある[44]．AIの自律がそれ自体で目的ではないとすれば，AIは，個人の自律の実現に奉仕するための手段として自律が認められるというべきことになるだろう．

しかし，AIを個人の代理人または受認者として位置づけるとなると，個人とAIとの間の**本人－代理人問題**，つまり代理人であるAIが本人である個人の意思や利益に反する振る舞いをするリスクが問題となりうる[45]．そのようなリスクに備え，本人または規制機関・第三者機関がAIを監視・制御することが期待されるが，人間によるAIの監視・制御が不可能ないし困難になるということ（**制御不可能性**）が，まさにAIの自律＝独立して判断・動作を行う〈能力としての自律〉が提起しようとしていた根本的な問題であった．

そこで期待されるのが，AIによるAIの監視・制御，つまり，AI間の**相互監視・相互制御**（checks and balances）の契機である．AIがネットワークを通じて相互に接続・連携し，相互に制御・監視することは，専門職の自律に相当する意味でAIの自律を集団的自己規律として構成しようとする見地からも積極的に評価することができるだろう．というのも，同業者集団における専門職の間の相互規律が専門職の自律の前提条件として想定されていたのと同様に，ネットワークを通じたAI間の相互監視・相互制御は，AI（ネットワーク）の自律＝集団的自己規律の前提条件を確保するものと評価することができるように思われるからである．

人間に奉仕するAIの表現の自由

AIを個人の代理人として捉えるアプローチは，AIによる表現の自由の保障のあり方を考える上でも示唆的である．ロナルド・コリンズとデイヴィッド・スコーヴァーによれば，AlexaやSiriなど機械による言論は，言論の送り手が人間ではなく，したがって何らかの意図を伴ったものではないが，受け手の人間がその意味を理解し，人間に何らかの効用をもたらす限りにおいて，**表現の自由**として保護されるべきである[46]．また，彼らによれば，人間が機械にメッセージの作成と伝達を委任しており，機械が人間の**代理人**として，人間に代わり言論を行っていると評価できる場合にも，機械による言論の保護を正当化することができる[47]．彼らの議論は，AIの表現の自由を，それが依頼者・受

益者にもたらす効用との関係で正当化しようとするアプローチとして理解することができよう．このようなアプローチは，**マスメディア**の表現の自由を，個人の表現の自由とは異なり，送り手の自律に基づいて根拠付けるのではなく，民主的政治過程の維持や個人の自律を支える情報の提供など受け手の利益を実現するための手段として正当化してきた日本の憲法学・情報法学における有力な議論⁽⁴⁸⁾とも親和的なものであるように思われる．

このように情報の受け手の利益に基づいて機械による表現の自由の保障を正当化する立場からは，受け手の利益を実現・促進するために機械による表現の自由を規制することが正当化される余地も生じることになると思われる．例えば，かかる立場からは，自動音声電話（ロボコール）のように⁽⁴⁹⁾，通常の受け手であれば望まないと考えられ，受け手のプライヴァシー侵害ともなりうる機械による大量の一方的に発信される通信の規制が正当化されやすくなるだろう．また，こうした立場からは，受け手が正確な情報に基づいて，民主政治の過程に参加したり，取引を行うことができるよう，カリフォルニア州のボット規制法⁽⁵⁰⁾のように，オンラインで自動的に投稿等を行うアカウントである**ボット**による言論について，選挙運動や営利広告を目的とする場合に，人間による言論であるかのように欺いてボットを使用することを禁じる規制も正当化することができるように思われる．

6 個人の自律を支えるための AI の自律へ

本章で明らかにしてきたように，同じ自律という概念を使っていても，個人の自律と AI の自律とでは少なからず意味が異なる．現段階の AI の技術水準に鑑みれば，AI の自律は，もっぱら個人の自律に仕えるための手段的・道具的な価値を有するものとして理解することが適当であろう．また，AI ネットワーク化を見据え，個々の AI の単位ではなく，ネットワークを通じて相互に接続された AI の集団を単位として〈集団的自己規律としての自律〉を確保する見地から，AI 間の相互監視・抑制の仕組みを実装していくことが求められるだろう．

もっとも，将来的には，汎用 AI の実現や超知能の誕生により，個人の自律

と AI の自律を相対化し，自律の意味を根本的に問い直すことが求められる可能性は否定できないかもしれない．しかし，仮に現実にそのような事態が生じうるとしても，そのような根本的な変革に向き合うまでには，まだ相当の時間を要するはずである．本章が示そうとしたのは，少なくとも当面の間，個人の自律と AI の自律の関係を整理するための，ささやかな見取り図である．

参考文献

河島茂生編『AI 時代の「自律性」』勁草書房，2019 年.

ウゴ・パガロ（新保史生監訳）『ロボット法』勁草書房，2018 年.

平野晋『ロボット法［増補版］』弘文堂，2019 年.

(1) ネオ・サイバネティクスの視点から生物の自律性と AI など機械の自律性を比較検討した最近の論文集として，河島茂生編『AI 時代の「自律性」』（勁草書房，2019 年）がある．一方，本章は，法学の視点から個人の自律と AI の自律の異同および両者の関係を分析するものであり，同著とは少なからず視点と射程を異にしている．

(2) Yochai Benkler, *The Wealth of Networks: How Social Production Transforms Markets and Freedom*, Yale University Press, 2006, pp. 140–141.

(3) 小泉良幸『個人として尊重』勁草書房，2016 年，59-73 頁参照．See also, Thomas Scanlon, "A Theory of Freedom of Expression", *Philosophy and Public Affairs* 1(2)（1972），pp. 204–226, Thomas Scanlon, "Freedom of Expression and Categories of Expression", *University of Pittsburgh Law Review* 40(4)（1979），pp. 519–550.

(4) Ronald Dworkin, *Taking Rights Seriously*, Bloomsbury, 2013, pp. 314–318, 326–333, 350［ロナルド・ドゥウォーキン（小林公訳）『権利論 II』木鐸社，2001 年，47-52，65-74，99 頁参照］.

(5) 長谷部恭男「国家権力の限界と人権」同『憲法の理性［増補新装版］』東京大学出版会，2016 年，77 頁以下参照．

(6) Joseph Raz, *The Morality of Freedom*, Clarendon Press, 1986, pp. 370–378. ジョセフ・ラズ（森村進訳）「自律・寛容・加害原理」同（森際康友編訳）『自由と権利』勁草書房，1996 年，247-248，262-268 頁参照．

(7) 佐藤幸治「憲法と「人格的自律権」」同『現代国家と人権』有斐閣，2008 年，84 頁参照．

(8) 佐藤・前掲注(7)，93-94 頁参照．

(9) 人格的自律権論を提唱する佐藤も，カントやゲワースらの議論を参照しつつ，他者による自律的な主体の相互承認の契機に着目している．佐藤・前掲注(7)，87-92，96-97 頁参照．

(10)　閾値を越える一定以上の道徳的能力を有している主体について等しく道徳的地位が認められるべきであると論じるものとして，福原明雄『リバタリアニズムを問い直す』ナカニシヤ出版，2017 年，134-147 頁参照.

(11)　関連して，大村敦志＋東大ロースクール大村ゼミ『18 歳の自律』羽鳥書店，2010 年，2-9 頁も参照.

(12)　Gerald Dworkin, *The Theory and Practice of Autonomy*, Cambridge University Press, 1988, pp. 12-13; Joel Feinberg, "Autonomy, Sovereignty, and Privacy: Moral Ideals in the Constitution?", *Notre Dame L. Rev.* 58 (3) (1983), pp. 445, 446-447.

(13)　例えば，日本国憲法 23 条の保障する学問の自由に基づき，判例は，大学教員等の教授の自由を保障するのみならず，小中高の教師の教授の自由も限定的な範囲で認めるとともに（最大判昭和 51 年 5 月 21 日刑集 30 巻 5 号 615 頁［旭川学力テスト事件］），教授その他の研究者を担い手とする大学の自治を認めてきた（最大判昭和 38 年 5 月 22 日刑集 17 巻 4 号 370 頁［東大ポポロ事件］）. これを踏まえ，教育基本法 7 条 2 項は「大学については，自主性，自律性その他の大学における教育及び研究の特性が尊重されなければならない.」と定めている. 裁判官の独立につき，憲法 76 条 3 項参照. 弁護士会の自治につき，弁護士法 31 条以下参照. また，放送法は基本原則の一つとして「放送の不偏不党，真実及び自律を保障することによつて，放送による表現の自由を確保すること」を掲げている（同法 1 条 2 号）.

(14)　「特集　オートノミー──自律・自治・自立」『憲法問題』24 号（2013 年），特に同号所収の松田浩「プロフェッションの自律──「中間団体」の居場所」，奥平康弘「教育における自由と自律」参照.

(15)　村上淳一「倫理的自律としての私的自治」『法学協会雑誌』97 巻 7 号，1980 年，98 頁以下，北村一郎「私法上の契約と「意思自律の原理」」芦部信喜ほか編『岩波講座 基本法学 4 契約』岩波書店，1983 年，大村ほか・前掲注(11)，216-218 頁等参照.

(16)　IEEE, Ethically Aligned Design: A Vision for Prioritizing Human Well-being with Autonomous and Intelligent Systems, First Edition (2019).

(17)　平野晋『ロボット法［増補版］』弘文堂，2019 年，79 頁以下参照.

(18)　Stuart Russell & Peter Norvig, *Artificial Intelligence: A Modern Approach*, Pearson, 4th ed., 2020, p. 42.

(19)　谷口忠大「ロボットの自律性概念」河島編・前掲注(1)所収，100-104 頁も参照.

(20)　European Parliament, European Parliament resolution of 16 February 2017 with recommendations to the Commission on Civil Law Rules on Robotics (2015/2103 (INL)).

(21)　*Id.* at AA, Annex.

(22)　*Id.* at 59. f.

(23)　Ugo Pagallo, *The Laws of Robots: Crimes, Contracts, and Torts*, Springer, 2013, p. 38［ウゴ・パガロ（新保史生監訳）『ロボット法』勁草書房，2018 年，42 頁］.

(24)　新保史生「ロボット・AIと法をめぐる国内の政策動向」『人工知能』32巻5号，2017年，666頁等参照．

(25)　Ryan Calo, "Robotics and the Lessons of Cyberlaw", *Cal. L. Rev.* 103 (2015), p. 101, 126.

(26)　高度情報通信ネットワーク社会推進戦略本部・官民データ活用推進戦略会議「官民ITS構想・ロードマップ2017」(2017年)，4-8頁参照．レベル0では，運転者がすべての運転タスクを実施する．レベル1からレベル2ではシステムが運転タスクの一部を実施する．レベル3では緊急時以外にはシステムがすべての運転タスクを実施する．レベル4では限定領域内でシステムがすべての運転タスクを実施し，レベル5では領域にかかわらずシステムがすべての運転タスクを実施する．

(27)　米国の各州の州法では，「自律運転車」(autonomous vehicle)を「人間の運転者による積極的な制御または監督なしに」走行できる技術が搭載された車両と定義し，自律運転車の公道での走行や実証実験を規制するものが多くなっている．後藤元「自動運転をめぐるアメリカ法の状況」藤田友敬編『自動運転と法』有斐閣，2018年，86頁等参照．

(28)　例えば，NHTSA, Federal Automated Vehicles Policy (2016). See also, BWM, The path to autonomous driving, https://www.bmw.com/en/automotive-life/autonomous-driving.html(2020年4月16日最終確認).

(29)　SAE International, Taxonomy and Definitions for Terms Related to Driving Automation Systems for On-Road Motor Vehicles 26 (2016)［公益社団法人自動車技術会規格会議(訳)「自動車用運転自動化システムのレベル分類及び定義」(2018年) 28-29頁］参照．邦訳は一部改変している．

(30)　AIネットワーク化について，福田雅樹・林秀弥・成原慧編『AIがつなげる社会——AIネットワーク時代の法・政策』弘文堂，2017年参照．

(31)　平野・前掲注(17)，71-76, 80-85頁等を参照．

(32)　US Department of Defense, Directive No. 3000.09: Autonomy in Weapon Systems (Nov. 21, 2012).

(33)　Human Rights Watch, Losing Humanity: The Case against Killer Robots 2 (2012).

(34)　CCW/GGE, Report of the 2018 session of the Group of Governmental Experts on Emerging Technologies in the Area of Lethal Autonomous Weapons Systems (2018), at 5. 関連して，新保史生「自律型致死兵器システム(LAWS)に関するロボット法的視点からの考察」『電子情報通信学会　基礎・境界ソサイエティ Fundamentals Review』13巻3号(2020年)も参照．See also, UN News, Autonomous weapons that kill must be banned, insists UN chief (Mar. 25, 2019).

(35)　AI・ロボットの権利能力(法人格)および人権享有主体性につき，栗田昌裕「AIと人格」山本龍彦編『AIと憲法』日本経済新聞出版社，2018年等を参照．

(36)　欧州委員会の専門家会合の報告書によれば，自律は，自らのために立法し，自ら

の従う規範を形成・思考・選択する個人の能力を意味しており，自らの人生の目標・目的を自由に選択する権利を含意している．そのためには，自己意識と自己著述者性（自らの人生を自ら書いていくこと）を伴う必要があるため，自律は人間にしか帰属せず，人工物を本来的な意味で自律的な存在と捉えることはできないとされる．European Group on Ethics in Science and New Technologies, Statement on Artificial Intelligence, Robotics and 'Autonomous' Systems 9–10 (2018).

(37)　成原慧「AI 社会における個人／パーソンとデータの主体」*NBL* 1132 号，2018年，55 頁以下参照．

(38)　佐藤幸治「プライヴァシーの権利」前掲注(7)所収，438, 450 頁以下等を参照．

(39)　棟居快行「プライヴァシー」同『人権論の新構成（改版新装第 1 刷）』信山社，2008 年，185–195 頁参照．

(40)　曽我部真裕「自己情報コントロールは基本権か？」辻村みよ子責任編集『憲法研究』3 号，2018 年，71 頁以下，松前恵環「個人情報保護法制における「通知・選択アプローチ」の意義と課題」*InfoCom REVIEW* 72 号，2019 年，30 頁以下参照．

(41)　エージェントとしての AI の役割につき，中川裕志『裏側から視る AI──脅威・歴史・倫理』近代科学社，2019 年，107–108 頁参照．

(42)　Jack Balkin, "Information Fiduciaries and the First Amendment", *UC Davis L. Rev.* 49 (2016), p. 1183. 斉藤邦史「プライバシーにおける「自律」と「信頼」」『情報通信政策研究』3 巻 1 号，2019 年，73–90 頁も参照．

(43)　情報信託機能の認定スキームの在り方に関する検討会「情報信託機能の認定に係る指針 ver 2.0」(2019 年)参照．

(44)　利用者による AI に対するトラストの確保のあり方について，患者による医師に対するトラストの確保のあり方（医学の修得，医師免許の取得，医学に対する信頼，法的救済手段など）と比較しつつ論じるものとして，中川・前掲注(41)，144–149 頁参照．

(45)　Nick Bostrom, *Superintelligence: Paths, Dangers, Strategies*, Oxford University Press, 2014, pp. 127–129［ニック・ボストロム（倉骨彰訳）『スーパーインテリジェンス』日本経済新聞出版社，2017 年，271–275 頁参照］．

(46)　Ronald Collins & David Skover, *Robotica: Speech Rights and Artificial Intelligence*, Cambridge University Press, 2018, pp. 45–47.

(47)　*Id.* at 67.

(48)　長谷部恭男『テレビの憲法理論』弘文堂，1992 年，32–38 頁等を参照．奥平康弘「放送の自由をめぐるパラダイム転換」日本民間放送連盟研究所編『「放送の自由」のために』日本評論社，1997 年，15 頁も参照．

(49)　ロボコール規制の合憲性につき，Barr v. American Assn. of Political Consultants, Inc., 591 U. S. ＿＿ (2020).

(50)　SB-1001 Ch. 892 (Cal. 2018). 同法は，ボットである旨を公表してボットを利用する者を免責している．

AI における可謬性と可傷性

大屋雄裕

To Err is Humane; to Forgive, Divine.
——Alexander Pope, An Essay on Criticism

I　法の機能と限界

動物裁判と行為指導性

　中世ヨーロッパには「動物裁判」と呼ばれる社会制度があったことが知られている．たとえば疫病が流行したとき，その原因と疑われた動物——典型的にはネズミやネコ——が数匹捕らえられ，法廷で有罪を宣告されて処刑されたり，不幸にも赤ん坊を蹴り殺してしまった豚が追放刑に処されたりしたというのだ[1]．さてわれわれはこの制度を正当なもの，意味のあるものだと考えるだろうか．考えないとすれば，それはなぜなのだろうか．

　おそらくただちに現われる反応は科学的な合理性がないとか，このようなことをしても動物が一定の行為(たとえばネズミによるペストの媒介)を止める見込みがない以上，意味はないというものだろう．法制度には**行為指導性**，つまり特定の行為を人々に行なわせようとしたり，逆にさせないようにする性格がある．典型的には一定の行為が処罰されるだろうという予測をもとにして，そのような行為への関与を事前に避けることが，人間にはできるわけだ．だが動物にはこのような予期能力がないので，違反行為を事後に処罰することを通じて学習させるしかない．犬猫のしつけとはこのように事後処罰に頼ったシステムであり，だからこそベンサムは何が禁止されているのかを個々人が理解することのできないようなイングランドの判例法システムを「犬法」と罵倒したのだ

った.

　逆に言えば,同じヒト(homo sapiens)に属していても一定の理性や判断能力を持たない存在を法の指示に服従させることはできないし,彼を法廷に引き出して有罪を宣告するようなことも,動物裁判の例と同じように無意味だということになる.もちろん心神喪失者が刑事的に処罰されないことを定めた刑法39条1項が,ここで思い出されることだろう.法を通じた事前規制は,結果を予期し自らの行動をコントロールすることのできる自律的主体に対してしか意味を持たないと,とりあえず確認しておこう.

人と物と境界線と

　19世紀半ば,カール・フォン・サヴィニーが確立したドイツ民法学が世界を〈人〉と〈物〉とに区分し,理性的主体である〈人〉が合意に基づいて相互に形成する関係として契約をとらえようとしたこと,あるいはその前提にあったカントの哲学・倫理学もまた同様の観点に立っているし,日本の現在の民法もその延長線上にあることに注意しよう(2).理性に基づいて自律的に行為することのできる存在だからこそ人間は〈人〉として根元的な自由を認められるのであり,そのような資格を持たない存在はすべて,その生命の有無にかかわらず,〈物〉として〈人〉の意思に従属させられることになるわけだ.

　動物の権利をめぐる生命倫理学的な問いも,基本的にはこの構図を継承している.たとえばある種の動物はヒトに近い知性や自律性を持つので限定的な権利能力を認められるべきだという主張は,しばしば見受けられるだろう.逆に,胎児や重度心身障害者は意識と受苦能力を欠くので生命権のような人権保障の対象にならないという倫理学者ピーター・シンガーの主張も見受けられる.その具体的な主張内容はさまざまであっても,これらはいずれも意思と自律性を持つ〈人〉を高く,それらを欠く存在を低く位置付けるスロープの存在を前提にしている点ではほぼ違いがない.どこにその両者を区切る境界線があるのか,あるいは境界線は単一でなくいくつかの段階から構成されているのか——たとえば犬猫には能動的な政治参加の権利はなくとも理由なく傷付けられない権利は認められるべきかもしれない——,その境界線と生物種としてのヒトの境界が一致しているのかといった論点をめぐってどれだけ激しい論争を繰り広げたとしても,われわれの社会を構成する〈人〉の特権性が,そこでは常に前提され

ているのである.

　ここで問題は，いま新たにわれわれの世界に生まれつつある存在としての AI やロボットが，この構図のなかでどのように位置付けられるかという点にある．もちろんわれわれは，これまでの生命倫理学と同様の構図に立ったうえで，境界線をめぐる議論に基づいてその地位について考えることができる．〈人〉の条件を理性や判断能力に求めれば，AI やロボットも人間と同じ高みに昇るべきだということになるかもしれない．痛みや苦痛を感じる能力だと考えれば，動物より低い位置付けになることも考えられるだろう．だがそのような議論の構図は，AI やロボットの本質的なあり方を正確に反映しているのだろうか．AI やロボットは，まだ十分に技術が発展していない現時点では動物のようなものであり，成長するにつれてヒトと同じような存在へと移行していくだけのものなのだろうか.

不透明な存在としての人間

　少し遡って考えよう．さきほど法制度には行為指導性があり，処罰が予告された行為を人々は選択しなくなるだろうと述べた．だがそこでいう行為指導性がそれ自体として実在するのならば，処罰の予告を伴う必要はないのではないだろうか．たとえば「殺人は悪いことであり，禁止される」とだけ述べればよく，それに一定の制裁——現行法では死刑または無期もしくは 5 年以上の懲役（刑法 199 条）——を結び付ける必要はないのではないだろうか.

　もちろんこの問いへの答はごく明らかであり，人々が規範に**従いそこねる**という点にあるだろう．われわれの多くは，あえて刑法の条文によって示されることがなくとも，殺人が悪い行為だということは十分に理解している（それが自然犯 mala in se ということの意味であった）．だとしても一定の理由からその悪をあえて選択したり（あいつだけは生かしておけない），あるいは自らの行動を理性的にコントロールしそこねることによって（ついカッとなって），悪いと知っているはずの行為に手を染めてしまうわけだ．そこでわれわれは，制裁を予告することで合理的な判断者にとってのバランスを変えてしまおうとする一方（処罰されることを考えれば，相手を殺すのは割に合わない），激情に駆られた行為者に対しては実際に処罰を科すことで，他の人々への戒めにしようとすることになる.

　いずれにせよ法は，それが人間の判断や行為に直接的に介入できないこと，

判断や行為の条件を操作することで間接的に機能することを狙うしかないということを前提としている．ここでは再び，法は外形的な行為を規制する**合法性**の次元においてのみ働くものであり，内心にある**道徳性**を左右することはできないというカントの指摘が想起されるだろう．だからこそ，物理的な条件を通じて判断・行為の可能性自体を事前に消去するアーキテクチャの権力——たとえば宝石を入れた展示ケースに壊せない鍵を付ければ，見た人がそれを盗みたいと思うかどうかにかかわらず，盗めないようにできるだろう——が，法を超えるものとして注目を集めることにもなるはずだ[3]．

2　超人類・亜人類・異人類

AI と規範

このように考えたとき，AI やロボットがヒトと大きく異なる点として，そのような**従いそこね**の可能性に注目することができるだろう．まず，現在でも生産現場で活用されているようなロボットを考えよう．それらはあらかじめ定められたプログラムに沿って定められた動作を反復し続けるだろうし，故障や燃料切れといった物理的な障害の場合を除けば，それに失敗することもないだろう．プログラムはロボットの動作を直接的に規定するのであり，そこには判断も自律も，したがって**従いそこね**の問題も生じないように思われる．

まさに最近話題となっている自動運転車のように，高度な学習機能を備えた AI や，それによって制御されるロボットの場合にはどうだろうか．もちろんそこに，与えられたデータから AI が何を学習するかが予測しにくいとか，データ自体に偏りが含まれていればそれを AI が忠実に学習してしまうという問題があることはすでに指摘されている．

学習とバイアス

たとえば，イギリスの病院で研修医を選ぶ際にそれまでの判定結果を学習させた AI を使ったところ，結果的に女性が不利に扱われていたことが事後に発覚したという事例が伝えられている[4]．これは，過去の女性差別的な社会において当時の病院関係者たちが意識的にか無意識にか女性を不利に扱っていたと

いう経緯があり，その際の判断データを学習したので，そこに含まれていたバイアスがそのまま再現されてしまったという問題だと考えることができるだろう．

　また，画像認識に基づいて被写体に関するキャプションを付ける AI——たとえばこれは自転車だとか，これは卒業式だという内容を画像自体から判断するというシステムが，黒人の写真を「ゴリラ」と判断してしまったという問題も報道されている[5]．これは，開発者が学習のために利用したデータに含まれていた人間の顔写真が人種的に偏っており，白人の写真ばかりが用いられていたことの結果だと言われている．黒人の顔という正解データを見たことがないので，見たことのあるなかで一番近いもの——「ゴリラ」だと考えてしまったというわけだ．このような問題からは，不適切な結果の発生を防止するために学習データの適切性を担保することが実際の応用に向けた課題として指摘されることになるだろう．

　2016 年 3 月には，米マイクロソフト社が Twitter 上で公開した会話 AI「Tay」が，ユーザーとの会話を通じて人種差別や陰謀論をたちまち学習してしまった結果として不適切な発言を連発するようになり，半日あまりで緊急停止されるという事態も生じている[6]．やはり同様に，AI による不法行為や暴走への懸念などが語られる一つの契機にはなったのかもしれない．

配慮とためらい

　だが注目すべきなのは，ここでたとえば人種差別を学習した AI がただちにそれを実行に移していることだろう．AI は差別発言をすることが適切だと思ったからそれを直接に行動へと反映させたのであり，そこにはヒトの場合であればしばしば生じるようなさまざまな配慮（この発言は社会的に許容されるか，TPO に合致しているか）やためらい（面倒くさい，眠い，疲れた）は存在しない．学習結果は AI の行動を直接的に規定しており，ヒトのような**従いそこね**の可能性はここにも存在しないということになるのではないだろうか．AI やロボットが我ら人間とは異なる「超人」的なあり方を実現するものだとすれば，それはたとえば理性，知識量，判断能力，情報処理速度といったもので人間を大きく凌駕するような「超知性」(superintelligence)[7]だからではなく——あるいはそれに加えた別の問題として——，このようにわれわれとは根本的に異なった

規範への反応構造を持っているからだと考えられる.

内心と外面の一貫性

たとえば人は,すべての人間の内心にさまざまな感情や情動があること,多くの人間は外面に表示される行動や表情とこの内心とのあいだに**一貫性**(integrity)が維持されていることを,基本的には信じているだろう. そのような一貫性が通常は維持されているからこそ,「顔で笑って心で泣いて」と表現されるような行動は普通の人にとって困難なもの,努力の必要な行為として意識されているだろう. あるいは,20世紀の演劇理論に大きな影響を与えた演技理論であるスタニスラフスキー・システムにおいて,登場人物の思想や感情を想像して一体化したうえで,それを身体の表現へ結び付けよと提唱されていることを想起しよう. 自然な人間にとって感情と表現は一体であり,努力や工夫なしにそれを切断することはできないのだと,ここから考えることもできるだろう.

ところで,一般にサイコパスと呼ばれる人格のあり方は,内面における良心・感情や他者への共感を欠く精神病質の一種と考えられているのであった[8]. その一部は共感の欠如から他者との人間関係を築くことができずに問題行動を引き起こしていくのだが,他方で企業のCEOや弁護士・聖職者にもサイコパス的な人物が多いと指摘されているように,社会的に成功しているケースも多く知られている. それはなぜなのだろうか. 他人の心に共感しないことが,他人の心の問題を処理したり操作したりするためには有利だからではないのだろうか.

切り離された情動

精神分析学において「逆転移」と呼ばれる現象のことを考えよう. フロイトによれば,面接過程において患者は過去において抱いていた重要な感情(たとえば親への依存や嫌悪)を,治療者に向けて示すことがある(転移). そして治療者が未熟な場合,その感情から中立な〈白紙〉であることができず,いわば患者の示す感情に引き込まれてしまうというのだ. だがここで問題として機能しているものは,通常なら望ましいとされる**他者への感情の共感**に他ならないだろう. だとすれば内面において共感を欠くサイコパス的な人格の持ち主は逆転移に「免疫」があり,治療者としての優位性があるということにはならないだろう

か．訴訟における最善の戦略を実現するために，被害者の持つ感情をいつ・どのような形で表示することがもっとも効果的かを考える弁護士は，そのときサイコパス的に振る舞っているのではないだろうか．

　ここから示唆されるのは，AI が「超人類」(superhuman)でも，人間と同種として劣位の「亜人類」(subhuman)でもなく，サイコパスを超えた**異なる人類**(althuman)ではないかという疑惑である．同時にそれは，それがどのようなものを意味しているのであれ内面における感情や情動を持たない「弱い AI」が，**だからこそ人間の情動システムに干渉し操作するものとして，極めて効率的に機能するのではないかという疑念も示しているだろう．われわれはそれが血も肉もない作り物であることを十分知りながら，ペッパーくんを蹴ることをためらったり，AIBO の表情を可愛いと思ったりはしないだろうか．人間がその対象に「魂に対する態度」[9]を取り配慮の対象とするために，内心の情動など必要だろうか．むしろ人々をして**他者である**と思い為させるためには一定のそれらしい外面的な振る舞いがあれば十分であり，一貫性の問題を生じさせる内心など，それを実現するためには不要ないし有害なのではないだろうか．

法とその対象

　そしておそらくはこの問題が，AI やロボットを規制する法のあり方にも反映することになるだろう．冒頭で挙げたように，自律性を持たない動物に対して法による規制は無意味だと考えられるのであった．では AI やロボットに対しては，どうだろうか．判断過程に不透明性・間接性がなく，何を考慮してどのように判断すべきかを（あるいは逆に最低限このような判断をしてはならないと）命じればその通りに行為するだろうという意味においては自律性を持たない AI やロボットに対して，法はやはり意味を持たないのではないだろうか．あるいは別の言い方をすれば，AI やロボットはそれら自身が規範の名宛人となることはないのではないだろうか．われわれが規範を投げかけるのはあくまで，彼らが従うだろう指示の作り主たる我ら人間に対してなのではないだろうか．

　現在，世界各所で取り組みが進められている AI・ロボットに関する規制が**開発方針のコントロール**に主眼を置いていることは，まだ高度の学習能力を実現した AI などが現物として存在しないからという理由もあるだろうが，おそらく偶然ではない．国際的な研究支援団体であるフューチャー・オブ・ライ

フ・インスティテュートによる「アシロマ AI 原則」(10)にせよ，日本で総務省 AI ネットワーク社会推進会議がとりまとめた「国際的な議論のための AI 開発ガイドライン案」(11)にせよ，その主たる内容は AI の開発者たるヒトが尊重・注意すべき諸価値であり，AI 自体がそこで提示された規範の名宛人として想定されているわけではないのである.

　AI・ロボットの責任問題というテーマのもとに人々が考えているのが基本的には(過剰)緊急避難の例であることも，このような前提を反映しているように思われる. たとえば 5 人の通行人を回避するために急転回して別の通行人 1 人を撥ねることが許されるか，急ブレーキで搭乗者 1 人を犠牲にするのならどうかというようにトロッコ問題の応用例を考えているとき，人々は与えられた指示に AI が忠実に従った結果として一定の損害が発生した場合の負担分配について議論しているのであり，AI が人間生命の尊重という価値をうっかり忘れてしまうとか，怒りのあまり殺害を決意するようなことを考えているわけではないだろう. そこにあるのは人間の自律的な決断としての**故意**の問題でも，従いそこねとしての**過失**の問題でもないのである.

AI の創造性？

　だが，AI が人間と同様の創造力を発揮してしまう可能性はないのだろうか. 囲碁や将棋といったゲームにおいて人間を凌駕する実力を示していることは，システムが創造性を備えるに至ったことを意味しているのではないだろうか. 仮にそこで発揮されているものが人類同様の創造性だとすれば，やはりそこには超人類の生まれる可能性と危険とが示されているのではないだろうか.

　この問題は少し丁寧に検討しておく必要があるだろう. まず，AI が学習の対象を必要とする以上それは基本的には我ら人類の所産であり，そこから予測される範囲を AI が超えることはあり得ないという意見もある. たとえば囲碁のシステムはこれまで人間の棋士たちが作ってきた棋譜やその結果として形作られた定石を学び，それを漏れなく効率的に選択して自らの手を決めているだけだと想定するならば，その帰結が人間の知の範囲を超えることはないだろうというわけだ.

　だが世界最高レベルの棋士にも勝った囲碁の AI，AlphaGo に関するエピソードはこのような楽観的な予測を裏切っているように思われる. 対局の途中で，

観戦していた棋士の全員にとって意味のわからない，失敗としか思えない手を AlphaGo が打ったと言われている．それまで知られている定石を外れていて，適切だとは到底思えない．しかし結果的に勝ったのは AlphaGo の方で，しかも振り返って考えるとその手が有効に機能していた．ここで生じているのは，結果的には AI の動作の方が「正解」であったということが示されている一方，その説明——なぜその手が有効なのか，なぜその手を打つべきだったのか——を我ら人間が与えられないという事態である．少なくとも現時点では動作の理由 (12) を自ら示すことのできる AI（説明可能な AI）が現実のものとなっていないことを考えれば，ここでは我ら人類がその動作原理を理解することができない，ブラックボックスと化した AI が登場していると言うべきではないだろうか．

創造とその基準

さらに，その後に改良された AlphaGo Zero というバージョンも興味深い問題を提示している．これまでの人間の成果を学習させた AlphaGo とは異なり，AlphaGo Zero は単に囲碁のルールだけを学習させた状態から，同じ AlphaGo Zero 同士の自己対戦を繰り返して試行錯誤を繰り返す方法を採用したという．ところが結果的にはこの AlphaGo Zero の方がより早く，従来の AlphaGo より強い状態に到達したということからは，これまでの人間が（囲碁のプロも含めて）実際にはこのゲームが十分には解けていなかったのかもしれない，人間の成果のなかにむしろ有害なものが含まれていたのかもしれないという事態が示されていることになるわけだ．ある意味では人間を超えたこのような状態こそがブラックボックスだと考えることもできるだろう．

だがわれわれは，AlphaGo Zero による自己対戦が可能だったのは囲碁のルールが人間によって明示的に・明確に定められていたからだという点に注意する必要があるだろう．あらかじめ勝敗判定の基準が一義的に定まるように形式化されていたから AI の判断が可能になったのであり，その基準自体を AI が発明したり改良したりしているわけではない．AI に作曲させることはすでに可能になっているが，結果的に得られたものを「曲」だと考えるか，どの程度の作品だと考えるかという評価の次元は，なお人間の手中にあるように思われる．それは——たとえばノイズが音楽の一部として活用されることがあるように，あるいは 4 分 33 秒の静寂が音楽として理解されることがあるように——

なお我ら人間にのみ担われていると言えるのではないかということを，ここでは一応の結論としておきたい．

3　従いそこねの意味

赦しと賭け

　だが，なぜわれわれは**従いそこね**の可能性などというものにまともに取り合わなければならないのだろうか．アーキテクチャによる権力がまさにそれを志向しているように――あるいは現在中国で進行しつつあるのかもしれない，完全な監視によって幸福を保障する社会システムにおいて想定されるように――完全な規制と完全な支配とを組み合わせた社会を目指してはいけないのだろうか[13]．善いことが保証された統治のもとで十分な配慮を受けることを**人間らしい**と言ってはいけないのだろうか．

　少なくともこのような問いに反論する一つの手がかりを，先程挙げた緊急避難に見出すことができるだろう．1884年にイギリスで発生したミニョネット号事件を例に取ろう．船舶が遭難し救命ボートの上で残された全員に死が迫っているという状況において，もっとも死に切迫している一人を殺害し食べてしまうという行為に対し，謀殺罪として死刑を科すことが適切かが，そこでは問題となったのであった[14]．

　もちろんここで，人々の行為を指導するために事前に定める一般的な規則として，われわれは**殺人の禁止**が適切だと考えるだろう．したがってこのような殺害行為は，明らかな**従いそこね**と位置付けられることになる．だが，だからそのまま死刑を科すということが認められるだろうか．彼らの行為に否定しきれない正当性を（少なくとも部分的には）認めざるを得ないとすれば，事前の予期に基づいて構想された完全な規制など夢物語だということに，人間の行為は常に人々の予測をはみ出していくということに，なるのではないだろうか．そのような事態に備えた**赦し**の制度――典型的には神の奇蹟，その地上における代理人と想定された国王による恩赦，そして緊急避難という神なき秘蹟――を，事前に予定された**許し**とは別に，社会は備えてきたのではないだろうか[15]．

創造的誤謬の可能性

　犯罪のような負の側面だけではない．われわれは人類の歴史の多くの局面において**創造的誤謬**——事前に想定された基準に基づけば誤りであったり，そもそも想定しされていなかったものだが，事後にはその価値が認められるに至ったような事例を見出すことができるだろう．たとえばアレクサンダー・フレミングによるペニシリンの発見は，ブドウ球菌の培養実験中に誤って混入した青カビの周囲に菌のコロニーができていないことから，抗生物質の存在を導いたものであった．1860 年代，それまでフランスの画壇を支配していた芸術アカデミーが尊重していた絵画のルール（画題や描写手法）をあえて無視し，否定することで生まれた印象派の価値を，現在否定するものはいないだろう．

　そもそも私がこの文章を書いている日本語の口語文法自体，明治期にそれまでの文章規範を逸脱し，乗り越えることで新しい表現を切り拓こうとした人々——二葉亭四迷や山田美妙の成果に他ならない．これらの事例において挑戦者たちは，自らの行為が**事後的に準正されること**，行為の時点では評価されていないがやがてその価値が社会に認められるようになることを信じて賭けたのだと，そう表現することは許されるだろう——「われわれはただ賭けるだけである．それが生きることだからである．さあ，賭けよう，さあ，生きよう，（……）命を賭けねば命がないのである」[(16)]．

　このように，われわれの意図的・非意図的な**従いそこね**のなかから現存する価値の多くがもたらされていることを考えれば，そこに**創発**（emergence）などとしばしば呼ばれるもの，つまり順接的・単調な傾向の予測を大きく歪めるジャンプの可能性が存在することを重視しなくてはならないのではないだろうか．

責任の意味と前提

　だがもちろん，誤想緊急避難や世間に価値を認められなかった前衛芸術のように，このような**従いそこね**が**従いそこね**に終わるケースも想定することができる．そのために**責任**という謎めいた制度が用意されていることにも，ここでは注目すべきだろう．この概念が（主として翻訳の問題に起因する）混乱のなかにあることは，すでに瀧川裕英が適切に指摘している——「日本語の「責任」に対応するドイツ語としては Schuld；Haftung；Zurechnung；Last；Verant-

wortung；Verantwortlichkeit などを挙げることができる．同様に英語におい
ても responsibility；liability；guilt；accountability；answerability；burden；
imputation などを挙げることができる」(17).

　たとえば英語では民事上の損害賠償責任や法への抵触による刑事責任である
liability と，道徳的な罪という概念との強い連関を持つ guilt は大きく異なる
意味を持っている．これに対しドイツ語では，Schuld という言葉が刑事責任
と民事的な債務の双方を意味する一方で，行為の結果に対する不法行為責任は
Haftung であり，別の切り分けが見られるということになるだろう．これら
全体を大まかに包括するものとしての一般的な責任(Verantwortung(独)・re-
sponsibility(英))や，応答性や答責性を主要な内容とする責任(Verantwortlichkeit
(独)・accountability(英))がこれとは別に存在するという指摘もある．日本語に
おいてはこれらがすべて基本的には「責任」という一語へと包含されてしまっ
たことが，議論を見にくいものにしている点には注意しなくてはならない．瀧
川が指摘する通り責任の問題を論じる際には，このうちどのような責任につい
てどのような観点から検討しているのかを明らかにしなければ議論が混乱する
だけだろうし，それぞれの満たされ方に大きな差異があるのではないかという
直観にも，かなりの正当性があるだろう．

刑事責任の特殊性？

　そしてここでは，このうち刑事責任について現在の社会が**行為者**と目される
個体により負担されることにこだわっている点について，注意する必要がある
だろう．たとえば，事故を起こした自動運転車が一定期間監禁されるとか，物
理的に叩かれるとか，あるいは解体処分に付されることをもって，適切な責任
実践とか処罰だと考えることができるだろうか．日米貿易摩擦などの際に生じ
たようにテレビカメラの前で日本車が叩き壊されるという出来事は，むしろ無
意味なパフォーマンスと考えられなかっただろうか．誰かが記者会見で謝罪さ
せられたり刑事裁判に付されることとこれらの想定のあいだに違いがあるとす
れば，それは何なのだろうか(18).

　それを**限りある人生**に求めることが，おそらくは可能だろう．われわれの多
くが自然に信じているところによれば自己の存在，私にとっての〈この私〉とい
う人格は固有なもの，唯一の特別なもの，他の人格と交換したり比較したりす

ることのできないようなものである．〈この私〉の死は，したがって社会的には
ともかく，〈この私〉にとっては誰か他の人間の死と等価ではない．私にとって
の〈この私〉という唯一固有のものを失わせるという意義を持つからこそ，罰金
刑のように交換可能性をその本質とする金銭を奪う刑罰と比較して**死刑**という
刑罰には独特の重大性があり，人々の感情を――肯定的にであれ否定的にであ
れ――かき立てているのではないだろうか[19]．

　言い換えれば，有限な生と死によって枠付けられた**可傷性**（vulnerability）を
帯びた我ら人間という存在が，その有限性をいわば担保として差し出すことに
よって自由を得ており，それが新たな可能性を開くことに賭ける（**可謬性**；falli-
bility）というのが，個人主義と過失責任主義が結合したところに生まれた現在
の社会のエコシステム（生態系）なのである．

4　果てしなき流れの果てに

償い得ない自由の登場？

　だが，本当に？――いままさに指摘した通り，事前の行為指導性の限界を補
うために緊急避難や恩赦といった制度が必要となるのは，われわれの予測能力
に限界があり，そこから逸脱する可能性を認めざるを得ないからであった．だ
がそのことを裏返せば，予測能力が画期的に向上し，逸脱がほぼ存在しなくな
るレベルでの予測に基づいた計画が可能になるとすれば，そのような例外事態
への対応など不要になるということをもまた物語っているのではないだろうか．
ビッグデータと結合した AI はこの局面においても機能し，完全な予測を可能
にするのではないだろうか．

　あるいは，人々が差し出しているはずの生の価値が，個人の行為が引き起こ
す事態に対する責任実践としてもはや十分なものではなくなっているのではな
いかという疑問も生じることだろう．すでに 1917 年には，核兵器以前に発生
したものとしては最大の爆発がカナダ・ハリファックスで発生しており，第一
次世界大戦に向けた補給物資と高性能爆薬を満載した貨物船同士が衝突するこ
とで TNT 火薬約 3 千トンに相当するエネルギーが放出され，1600 人以上が即
死している．あるいは日本においても，福知山線脱線事故（2005）の例では直接

的にはたった一人の運転士の過失によって107名が死亡することになった．た
とえ（福知山線事故のように）行為者自身がその事故により死を迎えたとしても，
これによってその行為が十分に償われていると人々は納得しただろうか．そう
でないからこそ，福知山線事故においても福島第一原発事故においても直接的
な行為の連関はきわめて薄いにもかかわらず，企業経営者の責任を問う世論が
生じたのではないだろうか．科学技術の進化によりわれわれは，もはや自分自
身が償い得ない自由を手にしてしまったのではないだろうか．

ハードボイルド・パノプティコン

だとすれば，われわれは**自由と責任**ないし**可謬性と可傷性**のエコシステムで
はなく，**予測と制御**に基づく完全なエコシステムの実現を目指すべきなのでは
ないだろうか．あるいはここで，芝麻信用をその典型とする個人信用スコ
ア[20]，あるいはそれが国家全体において統合されたところに想定される社会
信用システムへと決定的な一歩を踏み出すべきだという主張も，当然ながら現
われることだろう[21]．集中された国家権力によって予測され先取られた人々
の欲求を確実に満たすことを目指したシステム，その機能を攪乱する異分子を
強権によって統制・排除するための強固な実力によって武装した硬性の社会
——

あるいはここで，五百旗頭薫による「昆虫化」という卓抜な比喩を思い起こ
すべきなのかもしれない[22]．外在的な危機から内部を守るための外骨格に集
中し，その内側は支えるもののないまま内臓が血液のなかを漂っている昆虫の
姿は，外交・防衛といったハードな政策に集中し，閉じこもることによって外
的危機の克服を目指す国家の姿に重ねられている——「冬来レリ，我等昆虫化
シテ春ヲ待ツ」．

われわれはこれが，社会の未来に関してあり得るビジョンの一つであること
を——おそらくは五百旗頭と同様に決して好ましいものではないと考えながら
——認める必要があるだろう．AIがそのように**予定された社会**，一定の外在
的な危機に効率よく対応するためのツールとして効果的に機能し得るだろうこ
とも，また．

昆虫化と生

　だが，確認されている生物種の半数以上を占めるといわれる昆虫の繁栄は個体の変容によってではなく，世代交代を通じて変異と適応と放散という**種としての変化**を進めていくことによって支えられていることは，見逃されるべきではないだろう．天敵であるオオスズメバチを集団で包み込み蒸し殺すことで巣を守るニホンミツバチの行動を，たとえば思い出そう．ごく短い寿命で個体を消費していくことにより，種として・集団としての生を守るのが昆虫のエコシステムだとすれば，**個体としての昆虫**ないし昆虫化した単一の国家にはその可能性が閉ざされているということになるだろう．言い換えれば，単一個体としての昆虫とは緩やかな死の過程にすぎず，一切の「生命への飛躍」（élan vital）を含まないということになるのではないだろうか．

　この言葉を生み出したアンリ・ベルクソンが，人間性の本質を創造的進化（L'évolution créatrice）に，予測も付かないような飛躍を帯びた創造的活動に求めていることを思い出そう[23]．個体としての変化可能性を持ち，環境変化への適応能力を維持するという脊椎動物的なエコシステム——もちろんその代償として，薄い皮膚に覆われただけの外面はさまざまな危険によってたやすく傷つけられてしまうわけだが——を昆虫化という処方箋と対置することが許されるなら，そのような可傷性に裏付けられた変化可能性にこそわれわれの，現代の社会を生きる人類の未来はあると，なお言うべきだろう．

　五百旗頭は言う——「私が恐れるのは以上のような予測が100年後に外れていることではなく，たかだか20年ぐらいの間に起きてしまうことである」．だがそこで政治をめぐる人々の営みと選択によってもたらされると想像されている未来を現実化するものは，実はAIになるのかもしれないのである．

人間的な，あまりに人間的な

　所有者の子供を故意に死なせた容疑で追及されたロボット「ロビタ」が，自分は人間なので人間同様に殺人罪で裁かれるべきだと主張する手塚治虫『火の鳥』復活編のエピソードを想起しよう[24]．結果的にこの要求は認められず，ロビタには〈故障した物〉として融解処分が下される．だが重要なのはそもそもロビタが作中において「人間らしい」「ほかのロボットとちがう」失敗したり

感情を表わすような存在として位置付けられていることだろう（その理由についてここでは触れない）．指示に逆らったり従いそこねたりする**人間的な存在**だからこそ，それを対象とする統制手段として法が意味を持つのであり，法的主体として扱えというロビタの主張が意味あるものとしてわれわれに響くことになるのだろう．

　AI・ロボット法とは，それらの取扱いにおいて我ら人間が守るべき掟なのか，AI・ロボット自身に向けられた掟なのか．法があくまで意思の弱さを抱えた不完全な存在としての我ら人類に対して意味を持つようなものであるとすれば，後者の可能性は——AI・ロボットが未発達だからではなく，逆にその完全性の故に——あらかじめ閉ざされているように思われる．それとも技術発展はやがてロビタのように，不完全性さえも備えたヒトの似姿を実現することを目指すことになるのだろうか．

参考文献

稲葉振一郎『宇宙倫理学入門——人工知能はスペース・コロニーの夢を見るか？』ナカニシヤ出版，2016 年．

平野晋『ロボット法——AI とヒトの共生にむけて』弘文堂，2017 年．

福田雅樹・林秀弥・成原慧編『AI がつなげる社会——AI ネットワーク時代の法・政策』弘文堂，2017 年．

※本稿の一部に大屋雄裕「「超人」としての AI・ロボット」『TASC Monthly』no. 507 (2018.3)，(公財)たばこ総合研究センター，2018/3，13-18 頁を利用した．また本稿の基礎となった研究に対しては，科学研究費補助金(JSPS18H00791・JSPS26380006)，慶應義塾学事振興資金，トヨタ財団研究助成 D18-ST-0051(代表者・寺田麻佑)の支援を受けた．記して感謝する．

(1)　池上俊一『動物裁判——西欧中世・正義のコスモス』講談社，1990 年．

(2)　筏津安恕『私法理論のパラダイム転換と契約理論の再編——ヴォルフ・カント・サヴィニー』昭和堂，2002 年．

(3)　ローレンス・レッシグ(山形浩生・柏木亮二訳)『CODE——インターネットの合法・違法・プライバシー』翔泳社，2001 年，および大屋雄裕『自由とは何か——監視社会と〈個人〉の消滅』筑摩書房，2007 年などを参照．

(4)　FTC Report, Big Data: A Tool for Inclusion or Exclusion? (January 2016)

(5)　たとえば参照，Alistair Barr「グーグル，黒人を誤って「ゴリラ」とタグ　アルゴリズムの限界か」*The Wall Street Journal*，2015 年 7 月 2 日，https://jp.wsj.com/articles/SB10468926462754674708104581082773456994848(2019 年 10 月 1 日確認)．

(6) たとえば参照, Sarah Perez「Microsoft が AI チャットボット, Tay を停止——人種差別ジョークで機械学習の問題点が明らかに」*Techcrunch*, 2016 年 3 月 25 日, https://jp. techcrunch. com/2016/03/25/20160324microsoft–silences–its–new–a–i–bot–tay–after–twitter–users–teach–it–racism/(2019 年 10 月 1 日確認).

(7) ニック・ボストロム(倉骨彰訳)『スーパーインテリジェンス——超絶 AI と人類の命運』日本経済新聞出版社, 2017 年.

(8) たとえば参照, ロバート・D・ヘア(小林宏明訳)『診断名サイコパス——身近にひそむ異常人格者たち』早川書房, 2000 年.

(9) ルードヴィヒ・ウィトゲンシュタイン(藤本隆志訳)「哲学探究」『ウィトゲンシュタイン全集 8』大修館書店, 1976 年, II. iv. 他我の秩序と思い為しの問題については以下も参照せよ. 大屋雄裕「他者は我々の暴力的な配慮によって存在する——自由・主体・他者をめぐる問題系」『RATIO』01(2006 年), 240–260 頁.

(10) Future of Life Institute, "Asilomar AI Principles", https://futureoflife. org/ai–principles/(2019 年 10 月 1 日確認).

(11) AI ネットワーク社会推進会議「国際的な議論のための AI 開発ガイドライン案」(平成 29 年 7 月 28 日)https://www. soumu. go. jp/main_content/000499625. pdf(2019 年 10 月 1 日確認).

(12) この問題については, AI が物理的にはコンピュータ・プログラムの演算過程である以上その動作プロセスは(十分な記憶領域さえあれば)記録可能であり, (それにどれだけの労力と時間が必要かという問題を除けば)検証可能であるという見解——したがって AI はブラックボックスではないか, 適切な検証方法さえ構築されればブラックボックスではなくなる——という見解もある. しかしこれは, 「なぜアラブ人を射殺したのか」「太陽が眩しかったから」という説明が**たとえ事実の正確な描写であるとしても**適切なものとしてわれわれに受け止められないように, 説明の求めに対して与えるべきものは意味連関を示す行為の**理由**(reason)であり, 因果連関を示す**原因**(cause)ではないという点を見落としている. この二つの関係の差異が『哲学探究』に先立つ時期のウィトゲンシュタインによって導入されていること, および意味連関と因果連関の区別については, 大屋雄裕『法解釈の言語哲学——クリプキから根元的規約主義へ』勁草書房, 2006 年, 4.1.2 節を参照せよ.

(13) この問題については梶谷懐・高口康太『幸福な監視国家・中国』NHK 出版, 2019 年に加え, 以下を参照. 大屋雄裕「個人信用スコアの社会的意義」『情報通信政策研究』2 巻 2 号, 2018 年, I–15–I–26 頁.

(14) 念のために言えば, 本件では法廷が謀殺罪の成立を肯定し死刑を宣告する一方で女王による恩赦を求めるという解決が取られており, 我が国における緊急避難のように違法性が否定されたわけではない. 同事件と緊急避難論からの位置付けについては, 以下を参照. 遠藤聡太「自動運転車による生命侵害と緊急避難」『刑事法ジャーナル』58 号, 2018 年, 26–37 頁.

(15) ミニョネット号事件を含む緊急避難制度全体を法の機能に関する事前と事後のギ

ャップに関する対処として理解できる点，および赦しと許しの関係については，大屋雄裕「行為指導と罪責追及のジレンマ」『刑事法ジャーナル』58 号，2018 年，38-44頁を参照．また，恩赦制度の意義と位置付けについては，福田真希『赦すことと罰すること──恩赦のフランス法制史』名古屋大学出版会，2014 年を参照せよ．

（16）　大森荘蔵「物と心」『大森荘蔵著作集 第 4 巻』岩波書店，1999 年，349 頁（初出：『物と心』東京大学出版会，1976 年）．

（17）　瀧川裕英『責任の意味と制度──負担から応答へ』勁草書房，2003 年，16-17 頁．ただし同書の分析は，方法論的な個人主義を無自覚に採用したうえで自己の行為に由来する有責責任が転嫁不能であり負担・不利益を意味する負担責任は転嫁可能であると安易に対比するなど問題が多い点には注意する必要がある．

（18）　法人を刑事的に処罰することが特に大陸法諸国においては否定的にとらえられ，イタリアでは憲法で拒否されていることも参照せよ．大屋雄裕「人格と責任──ヒトならざる人の問うもの」福田雅樹他編『AI がつなげる社会──AI ネットワーク時代の法・政策』弘文堂，2017 年，356-357 頁．だがこの前提も AI 時代において問いなおされなくてはならないかもしれない．本書第 6 章第 4 節を参照．

（19）　だが行為者とは異なる個体が責任を果たすという制度が歴史的には実在したことに注意する必要がある．たとえば我が国の中世には，加害者集団から被害者集団に対してその成員が差し出される「解死人」という制度が存在したが，ここで差し出される者が加害者当人である必要はなかったとされる．参照，清水克行『喧嘩両成敗の誕生』講談社，2006 年．

（20）　芝麻信用については，梶谷・高口『幸福な監視国家・中国』に加え，たとえば以下を参照せよ．柏木亮二「信用のプラットホーム「芝麻信用」」『金融 IT フォーカス』2017 年 10 月号，2017 年，14-15 頁．

（21）　そのような構想に言及されることはあるものの，現実の中国政府が本当にその実現を目指しているのか，目指したとして実現可能な状態にあるのかについてはかなりの留保が必要だとの指摘もある（この点は高口康太氏にご教示いただいた）．その意味で，これらをデジタル・レーニン主義という新たな統治構想の現われと位置付けるセバスチャン・ハイルマンの主張（Sebastian Heilmann, "Leninism Upgraded：Xi Jinping's Authoritarian Innovations", *China Economic Quarterly*, vol. 20, no. 4, Gavekal Dragonomics, 2016, pp. 15-22）に対しては一定の留保が必要かもしれない．なおハイルマンの主張については大屋「個人信用スコアの社会的意義」を参照せよ．

（22）　五百旗頭薫「昆虫化日本　越冬始末」『アステイオン』vol. 91, CCC メディアハウス，2019 年，140-145 頁．以下の検討は，同論文草稿を元にした「百年後の未来を考える──先端技術・AI と法」（先端技術と法のあり方研究会，2019 年 9 月 12 日）での議論に基づいたものである．

（23）　アンリ・ベルクソン（合田正人・松井久訳）『創造的進化』筑摩書房，2010 年．

（24）　手塚治虫『火の鳥　復活編』小学館クリエイティブ，2014 年（初出 1970〜71 年）．

AI時代における権力と
自由のガバナンス

04

松尾　陽

I　諸刃の剣としてのAIの／によるガバナンス

自由をどのように構想するのか

　自由に生きるというのはどういうことだろうか．自由とは束縛からの解放である，自由とは自分が好きなことを選択していくことである，自由とは欲望を律していくことである，自由とは他者との豊かな関係性を切り結ぶことである……．抽象的な形としては，さまざまな自由論がある．

　ところで，これらの自由論はどのような環境で語られるのか．この原稿は目の前にあるパソコンのキーボードをタイピングしていく形で「書かれている」（タイピングは「書く」という所作なのだろうか）．タイプしつつ，気になったことは書籍・論文やインターネットで調べている．インターネットへのアクセスは研究室や自宅のWi-Fiを経由して行われている．このパソコンが壊れれば，数日間は不便を強いられるだろう．ネットワークの調子がよほど悪ければ，プロバイダに電話しなければいけない．

　このことを踏まえて考えると，あらためて自由に生きるというのはどういうことだろうか．この問いを，そのような情報環境を無視して扱うことにどれほどの意味があるのだろうか．

恐怖のAI？

　AIがそのような情報環境として新たな展開を見せることは確かだろう．加えて，AIは単なる環境にとどまらないかもしれない．つまり，インターネットの登場は，われわれの主体性を脅かさないが，AIはわれわれが特権的に享

受してきた主体の地位を奪うかもしれない．「アルゴリズムの支配」という言葉とともに，そのような不安が語られている．

たとえば，ニック・ボストロムは，AIの開発が進み，やがて人間の頭脳を超えるスーパーインテリジェンスが誕生し，それはわれわれ人間の制御能力を超えて，人間のシステムを乗っ取り，人類滅亡に導く可能性を示唆し，その防ぎ方を考察している[1]．

また，AI自体が人類を乗っ取らないとしても，AIを独占した一部の人びとが他の人びとを支配する可能性も懸念されている．ユヴァル・ノア・ハラリは，軍事と労働を担うAIが登場し，一部のエリート層が「無用な」貧しい人びとを切り捨てる可能性を指摘している[2]．

リヴァイアサンとしてのGAFA？

このような話は遠い未来のことかもしれない．しかし，現時点で情報技術の多くを握るのは，「GAFA」と呼ばれる一部の企業であるといわれる．「GAFA」とは，Google, Amazon, Facebook, Apple の企業の頭文字をとった略称であり，情報技術の世界的大企業のことである．これらの企業が情報技術の重要な部分を握っているので，未来がそうした企業によって支配されていくのだともいわれている．また，GAFAは，情報技術の基盤となる「プラットフォーム」を握っているので，これに基づく現代の経済システムは「プラットフォーム資本主義」と呼ばれることもある．

AIがもたらす輝く未来？

しかし他方で——そして，この方が社会の中で強く期待されている役割だろうが——，AIという新しい科学技術は，われわれ人間の活動範囲を拡げるといわれている[3]．現在よく挙げられている領域だけでも，医療における画像診断，自動車の運転，資産運用における投資判断，危険な現場での労働などの領域において，AIは，人間の判断にとってかわる，あるいは，それを支援するといわれている．

AIのおかげで，以前にはできなかった活動ができたり，多くの余暇が発生したりすることも期待されている．いわば，人間の自由が拡大することが期待されている．

諸刃の剣としての AI ?

　このように AI は，人間にとって脅威となるかもしれないのと同時に，希望の星となるかもしれない諸刃の剣である．だから AI の負の側面を抑えつつ，正の側面を活用することが期待される．また，そもそも何が正の側面で負の側面であるのかは，個人が置かれた状況や考え方，さらには将来の社会や技術の発展の在り方によっても変わる．

　たとえば，AI が労働者に代わる安価な生産技術の要となるならば，経営者にとってはうれしいことであろうが，しかし，労働者にとって脅威となるというように，個人が置かれた状況によって捉え方は異なる．

　また，たとえ全くの同一物であっても，AI によって作られるモノがよいと考える者もいれば，人間の手によって作られるモノに価値を見出す者もいるだろう．そこの価値観は人それぞれである．

　さらに，AI が超格差社会を生み出すのか，自由で平等な社会を生み出すのかは，AI の在り方よりも，富の分配をどのように考えるべきなのかという社会の側の在り方によっても変わるだろう．

　AI は諸刃の剣であるが，その両面性については，大いに議論の余地があるし，また，今後の発展によって変わってくる．

権力と自由とをどのようにバランシングするのか──ガバナンスの問題

　われわれ人類のほとんどは富や名誉などの，さまざまな動機で，社会や技術を発展させてきた．しかし他方で，このような発展をいたずらに加速する方向で，言い換えれば，正の側面のみ見て「舵取り」を行ってきたわけでもない．

　社会や技術の発展の負の側面をも見据えて，それらを発展させてきた．つまり単純に支配の技術を発展させてきたわけではなく，支配それ自体をもコントロールする技術を発展させてきたのである．この技術は，現在では，ガバナンスと呼ばれる．

　ガバナンスの問題を考える一つの方向性は，権力をただ危ないからという理由で廃棄することではなく，自由や幸福を実現するためにそれらと権力の危険性をどのようにバランシングさせるのかにある[4]．そして，そのバランシングの在り方は，政府，企業，個人というアクターをどのように配置するのかにか

かっている.

　このガバナンスの問題は，AIの問題とは無関係ではない．以下では，AIの
ガバナンスとAIによるガバナンスについて触れていこう.

AIのガバナンス —— 自動運転車を例に

　「トロッコ問題」を例に説明しよう．このまままっすぐに進めば五人ひき殺
してしまうが，しかし，右に曲がれば，一人をひき殺してしまう．このような
仮想的な状況(とその類似の状況)を考えて，われわれは，まっすぐに進むべきな
のか，右に曲がるべきなのかという選択肢の考察を通じて，人の生命における
数の重要性や作為・不作為の違いなどを道徳的に考えるのが「トロッコ問題」
である.

　AIを搭載した自動車，つまり，自動運転車は，このトロッコ問題を現実の
課題にするといわれている(5)．自動運転車のアルゴリズムをプログラムする際
に，そのような状況においてどのような規準で走行させるのかを考えなければ
ならない．つまり，どのような規準でどのように生命を尊重するのか(選ぶの
か)，事故が起きた場合にどのように責任を分担するのかという規範的問題を
考察しなければならない(6).

　ここで同時に考えなければならないのは，果たしてそのようにプログラムす
る権限を有するのは誰であるのかということである．言い換えれば，規範的問
題につき権威をもって判断するのは誰であるのかという問題である.

　自動車の設計や製造はメーカーによって行われている．だとすれば，自動運
転車もメーカーによって設計され，製造されるのが原則とも考えられる．しか
し，自動運転車でなくとも，メーカーは自動車を自由に設計しているわけでは
ない.

　少なくとも日本においては，メーカーが自動車を製造する際，その構造や装
置につき，一定の「保安基準」に従わなければならない(道路運送車両法40条・
41条)．この道路運送車両法は，国会が定める法律である．また，保安基準の
具体的な中身は，この法律を根拠にして，国土交通省の省令の形で定められる.
このような形で，自動車の安全性を実現するために，政府が保安基準を作成し
ているのである.

　自動運転車のアルゴリズムは，まさに人の生命の選択にも関わるのであるか

ら，制御装置の在り方を考える必要があるだろう[7]．国会レベルで考えるのか，各省庁内にいる官僚が考えるべきなのか，あるいは，メーカーの設計に委ねるのか．あるいは，トロッコ問題は，命の選別に直結する問題であるから，憲法レベルで考えるべきなのか[8]．

要約して言えば，自動運転車の製造・実用化にあたっては，プログラムの中身をどうするのかという問題のみならず，一般の人びと，政治家，官僚，企業がどのように関わるべきなのかも考えなければならない．さまざまなアクターの配置を考えていくことがガバナンスにとっての重要問題となる．

AI によるガバナンス（の変革？）

AI それ自体をガバナンスするのみならず，AI それ自体が既存のガバナンスの枠組み，言い換えれば，権力と自由のバランスの在り方を変えてしまうかもしれない．

アメリカのウィスコンシン州では，量刑判断の中で AI プログラムが導入されている．また，企業の中には，（さまざまな意味で）優秀な人材の配備を目指すべく，新規採用を含む人事評価において，過去のデータを基礎にした AI の判断を参考にしているところもある．

しかし，これらの例は，現在の枠組みの中で利用される AI の話である．本来的に重要なのは既存の枠組みを変革する AI であろう．先に触れたボストロムの懸念で示されるように，AI がガバナンスのシステムを乗っ取ってしまうことも考えられる．そこまでの変革は起きないとしても，新しい民主政の形，新しい統治の形態が生み出されるかもしれない．

本章の焦点と構成

ただ，本章の目的は，将来の予測をすることではない．本章の叙述の多くは，変革されるかもしれない既存のガバナンスの枠組みをめぐるものである．既存の枠組みがどのようなものであるのかということを見定めないと，AI がもたらす変革の内実も意味も理解できないだろう．

また，既存の枠組みといっても，確固としてそこにあるものではない．現在の枠組みの在り方については，その理解や今後の方向性をめぐって論争されているところである．たとえば，1980 年代以降，各国の統治やガバナンスが変

革される中で，中央集権的な統治から，競争の論理を組み込んだ分散的な統治へと関心が移っている．

第2節では，既存のガバナンスの枠組みとそれをめぐる論争について概説する．ここで近代的ガバナンス，〈現代〉的ガバナンスを説明し，それらをめぐる現在の論争の一端を紹介する．

そのうえで，第3節では，既存のガバナンスと情報／情報技術との関係，情報の権力の性質，AIはガバナンスにどのようなインパクトをもたらしうるのかを考えていく．もう少し言えば，技術と社会との関係をどのように考えるのか，ひいては，そこで自由をどのように構想するのかを論じていく．

2　ガバナンスの諸形態──近代，〈現代〉，ポスト〈現代〉

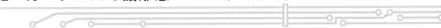

本節では，ガバナンスの諸形態を概観していく．以下では，（ⅰ）近代的なガバナンス，（ⅱ）〈現代〉的ガバナンスの二つの形を説明した[9]のち，（ⅲ）これら二つに対する懐疑論の登場を説明する．

近代的ガバナンスの課題──リベラリズム

現代におけるガバナンスの形態が一つの完成をみたのは近代においてである．近代というのは，リベラリズムという政治哲学が花開いた時代である．リベラリズムは，その歴史的淵源はさまざまであるが，個人の自由に基礎を置く政治哲学である．何が人生で意味を持つのかは，当該個人が考え，答えを出すべきだという政治哲学である．

もっとも，リベラリズムは，すべてを個人の自由に任せて，政府を不要とする無政府主義を支持するわけではない．殺人や不公正な取引など，個人同士が衝突する可能性もある．こうした衝突を取り除くことは，自由の実現のためにも必要である．そこで，軍事や警察を典型とする物理的暴力を正統に行使する主体を政府に集中させた．刑事では復讐が，民事では自力救済（当事者の実力行使による権利回復）が禁止され，政府が物理的な力を用いた強制権限を独占した．

近代的ガバナンス（1）── 中心としての暴力

　もちろん，このような強制権限が暴走する可能性もある．近代的ガバナンスの中心に，人間同士が引き起こす暴力のコントロールという課題がある．

　警察力や軍事力がここにおける暴力の典型である．そして，暴力はそれ自体望ましいものではなく，否定的なサンクションとされる．それゆえ，可能な限り，行使しない方が望ましいし，行使されるとしても恣意的であってはならない．恣意的な暴力の発動は，人びとの行動の自由を委縮させる．

近代的ガバナンス（2）── 制御装置としての法

　どのような条件で強制権限が発動されるのかが予め一般的なルールで規律されるのが望ましい．この一般的なルールを法── より正確にいえば，国会で制定される法律── の形で制定することになったのである．法が暴力の作動条件を定める．

　このことは，罪刑法定主義（日本国憲法31条），法律の留保の原則（同41条の解釈），租税法律主義（同30条・84条）というように，さまざまな原則の形で具現化されている．

　このような一般的なルールを事前に設定することは，一方で，強制権限の恣意的な運用を抑止し，他方で，市民に対していついかなる条件で権力が作動するかにつき予測可能性を付与する．

〈現代〉的ガバナンスの課題── リベラリズムの病理の克服

　近代的ガバナンスの中心は，人間同士が引き起こす暴力をいかにコントロールするかであった．そこをコントロールすれば，個人の自由は守られる．ここにおいては，自由は国家からの自由，あるいは，介入の欠如としての自由とされた．そこで前提とされる個人像は，放っておいても自律できる個人であった．

　しかし，老人，幼児，障害者，いわゆる老幼障の問題を考えれば，人は放っておいても自律できる個人とはいえない．また，資本主義の発展により貧困などの経済的不平等の問題や失業などの経済的不安定の問題も重要視されるようになった．このような問題が，リベラリズムの病理として認識されることになった．

この病理を克服するべく，個人の自律を支援する社会政策や，就労環境を安定化させる経済政策が求められるようになった(10)．ここにおいて，国家からの自由のみならず，国家による自由も必要だとされたのである．

法学の世界では，経済安定化や福祉サービスの役割を担う国家や法を「〈現代〉国家」「〈現代〉法」と呼ぶことがある．〈現代〉といっても，まさに現在を意味するわけではない．リベラリズムの病理を克服するべく，考案された新たな国家や法のイメージを識別するために用いられる(11)．そこで，この意味での現代は〈　〉に括って用いていく．

国家による自由といっても，その実現の中心は資源の配分，おおまかにいえば，お金の配分である．〈現代〉的ガバナンスの中心は，お金の配分をコントロールすることである．

〈現代〉的ガバナンス(1)——お金の配分のコントロール

お金の配分方法としては，市場に委ねるのも一つの道である．しかし，先に言及したリベラリズムの病理の一つとして市場が生み出す弊害が問題視された．そこで，政府が配分することになる．

具体的には，生活保護としてお金を世帯ごとに給付したり，公共事業投資を行い需要や雇用を創出したりすることである．

お金を配分することそれ自体は，個人の自由を制約するわけではなく，むしろ個人にとってはありがたいものである．法学上では，これを「権力」と表現しないこともある(12)．それゆえ，過剰な資源の配分（いわゆる無駄遣い）は，過剰な強制権力の行使（たとえば，誤認逮捕）に比して，問題化されにくい(13)．むしろ重要となるのは，社会政策・経済政策の目的に照らして，最適な手段をどのように選択していくのかという問題である．

〈現代〉的ガバナンス(2)——「制御」装置としての専門知

このような政策目的に合致した最適な手段を選択するといっても，その選択には，さまざまな意味での専門知が必要である．生活保護を給付する際には，世帯状況の把握が必要となる．公共事業投資を行うに際しては，当該事業の必要性，経済効果，費用などを試算するための専門的知識が必要となる．結局のところ，そのような情報や知識を担う集団に一定の裁量を付与することになる．

近代的ガバナンスにおいても，裁量の問題は生じる．しかし，〈現代〉的ガバナンスにおける裁量付与は，質と量の両面において，異なっているといってよい．

質の面に関して言えば，近代的ガバナンスにおいては，予め法律の形で規定し，裁量は可能な限り減らすことが望ましいものとされるのに対して，〈現代〉的ガバナンスにおいては，日々刻々と変化する専門知を決定にインプットしていくためには，法律で規定しつくすことは望ましくなく，裁量的判断に委ねていくことの方が望ましいものとされる．このような判断のもと，裁量の領域が量的に拡大していき，行政国家が肥大化していく．

ポスト〈現代〉的ガバナンスの行方──望ましさと実行可能性

さて，二つのガバナンスの形態を素描してきた．しかし，〈現代〉的ガバナンス以降も，ガバナンスをめぐる議論は深化している[14]．一つは，望ましさの問題に関わる．リベラリズムが正しいのかという問いである．もう一つは，実行可能性をめぐる問いである．政府はどこまでガバナンスにおいて有効なアクターであるのかという問いである．

望ましさの行方？──〈現代〉的ガバナンスが抱える問題とその解法

まずは望ましさの問題から説明しよう．〈現代〉的ガバナンスは，リベラリズムの病理を克服するべく，導入された．さまざまな人や状況に合わせて自由を実質化するべく，政府が積極的に介入していく．

このような積極的な介入はさまざまな問題を生み出した．福祉サービスの供給が当該サービスに依存する個人を生み出してしまう，あるいは，公共事業が当該事業をあてにした産業構造を生み出し，自由市場における創発的な活動を抑制するという問題である．リベラリズムの病理を克服するための政策が根本のリベラリズムまで崩壊させてしまうという懸念である．

このような問題に対しては，あくまでも近代的ガバナンスを基調としつつ，〈現代〉的ガバナンスを例外的に用いることが望ましいと考えるのが，現代のリベラリズムの方向性の一つである．たとえば，20世紀を代表するジョン・ロールズのリベラリズムは，基本的諸自由の平等な保障を第一にしたうえで，格差原理や公正な機会均等の原理によってその病理の克服を試みる[15]．

しかしながら，個人の自由に価値を置くから問題とみえるだけであり，幸福を実現していると考えれば，直ちに問題となるわけではない．依存する個人を生み出そうが，産業構造を変化させようが，幸福を実現しているか否かが問題なのである，と．これは，功利主義的な道筋である．

現代的リベラリズムで対応するのか，功利主義的な対応をするのかは，現代正義論の課題である．論者によっては，民主的に決するしかないと考える者もいる．

実行可能性の行方？──政府の非効率性／市場の効率性

次に，実行可能性の問題に移ろう．これは，二つのガバナンスの共通前提への懐疑論と関わる．その共通前提とは，各種の権限を政府に集める方向で進んできたということである．20世紀後半の政府は，物理的暴力のみならず，お金の配分に関しても，政府に集権化する方向で進んできた．

しかし，1980年代以降，欧米を中心に，この方向性は，経済的リバタリアニズム（あるいは新自由主義）から繰り返し批判されてきた．1980年代よりずっと前から，この批判を先駆的に構築していたのがフリードリッヒ・ハイエクである[16]．彼の議論の要点は，中央集権的な決定システム（たとえば，中央政府）は，分散的な決定システム（たとえば，競争市場）に比べて，情報の収集や活用において，優れていないことがしばしばあるという点にある．

分散的な決定システムにおいては，多様な主体が決定のために必要な情報や知識を収集する点で優れている．とりわけ時と場所によって変わる局所的な知識を収集する点では，中央にいる一者よりも，偏在する多数者の方が優れている．また，多様な主体が試行錯誤するため，成功する者と失敗する者が出てくるので，相互に学習することができる．

このような理由で，分散的な決定システムが中央集権的なシステムよりも優れていることがある．絶対的な優位性ではなく，あくまで状況や課題にあわせた優位性である．こうした競争の論理を，単純に経済システムの問題のみならず，政策実現の場面でも拡張するところにもハイエクの議論の妙味がある．

このようなハイエクの議論は，知識や情報の収集・学習の観点からガバナンスの問題を捉えなおすものと位置づけるのが適切であろう．また，時と場所によって変わる知識も重要であることを説くことによって，〈現代〉的ガバナンス

を支える専門知の限界（≠全否定）をも示唆していることにも留意する必要がある.

ガバナンスのまとめ

ガバナンスの議論は落ちつく様相をみせていない. 市場の論理が席巻していくと考える者もいれば，依然として政府の力が巨大であると考える者もいる（9.11 のテロ以降は，ますますそうなっていると指摘する）. 市場か政府かという軸ではなく，一部のエリートが政府と市場をコントロールし，他の大多数の大衆がコントロールの対象となっていると考える者もいる.

どのように捉えるにせよ，物理的暴力やお金の配分の主体として，政府が依然として多くの権限を持ち続けていることに変わりがない. また，ガバナンスの枠組みもさまざまな改革にさらされているが，近代的ガバナンスが根本的に変革されたわけではない.

この線で AI とガバナンスについて考えるとき，この点を見誤って「AI の支配」と大々的に喧伝すると，「AI による支配」から国民を救うという名のもと，政府の権力をより強化する理由を与えることになりかねない（公権力の介入の根拠として情報技術の脅威が唱えられるのは，一つの定番である）. また，これからの AI 技術の発展の方向性を左右するアクターとして政府を無視することはできないということである. その点も含めて次節で考えていこう.

3　AI 時代のガバナンスと自由

人工〈知能〉としての AI

さて，前節で，ガバナンスのツールとして，物理的暴力，お金の配分の性質を論じてきた. そのようなツールとしての AI の意義を論じる前に，AI とはいかなるものであるのか，議論しておこう.

AI の中核には，情報技術，あるいは，情報に関わる理論と技術の総体があるといってよいだろう. AI という用語は，古くは，1950 年代に遡るが，ここですべての歴史に触れる余裕はない. 2010 年代の AI 論で注目を広く浴びているのは，ビッグデータと機械学習・深層学習である.

将棋の AI の例がわかりやすい．過去の棋士たちの棋譜(ビッグデータ)を学習し，将棋のルールからして最適な一手を考案する．部分的にみれば，碁や将棋の例を考えればわかるように，人間の知的能力をはるかに超えていることは確かであろう．

このような将棋の AI が，AI のすべての可能性を表現しているわけではない一方で，この将棋の AI が人間の知性のすべてを示しているともいえない．人間の知性に関わる言葉は，認識，理解，解釈，判断，計算，想像，理性など，多様である．

機械学習と呼ばれる技術がどこまでその機能を果たすことができるかは人工知能に関わる専門家の間でも意見が分かれている．また，現在，実装されている AI の多くは，自分で考えるというよりも人間の知能を手助けするものにすぎないといわれていることにも注意する必要がある．「AI」を使っている企業の多くがそのことを認めている[17]．

複合技術としての AI

人間は知性だけの存在ではない．手や足などの身体を持った存在である．同様に，AI の可能性も，それが搭載される技術と合わせて考える必要があり，AI に対する期待はその知能の側面に対してのみあるわけではない．

また，AI の実用化を考えると，AI を搭載する機械(自動運転車，産業用ロボット，軍事用ロボットなど)やビッグデータを集めるためのセンサー(監視カメラなど)の問題も含んでおり，AI の問題は情報技術の側面に限定されるわけではない．もっといえば，パワードスーツが典型であるように，技術の組み合わせの問題だけではなく，AI と人間との協働作業が予定されていることにも目を向ける必要がある．

情報の性質

情報技術の側面に限定しても，多数のレイヤーに分けられることにも注意を要する．これを論じるに当たって，まず情報と情報技術を分けて考えよう．

情報は，電気信号や音声で伝達されるものの，それ自体は物理的なものではない．また，情報はそれ自体に価値が伴うわけではない．それゆえ，情報で人を殴ることはできないし，情報を配分することで直ちにお金を配分することと

同様の機能が果たせるわけではない.

　物理的暴力は例外的な状況を除いて人に痛みや死を与える．お金の配分は例外的な状況を除いて人に購買力を与える．情報については，このような一般性は成立しない．

　この点は，情報と権力の問題に大きく関わるが，またのちに触れる．

情報技術の複層性

　情報それ自体の性質はこのようにいえるのだが，しかし，情報を収集し，分析し，管理し，伝達する情報処理の技術はまた別の話である．収集・分析・管理・伝達をまとめて「処理」と呼ぶが，情報は一定のルール（「アルゴリズム」と呼ばれる）で処理され，また，その処理は物理的な装置の上でなされる．

　たとえば，インターネットでさまざまなコンテンツを通信している．通信の際，情報はデジタルに電気回路上で表現される．電子的な情報は，さまざまな物理的な装置（コンピュータも含まれる）を通じて伝達される．

　情報法学者ヨハイ・ベンクラーは，情報の内容を「コンテンツ層」，情報を処理するためのルールやアルゴリズムを「論理層」，広い意味での情報処理を行うための物理的装置を「物理層」と整理した[18]．情報技術について述べるとき，どの層の話をしているのか，注意する必要がある．

　以上のように，AIを論じるためには，他の技術との複合性，情報技術内部の複層性などを考慮する必要がある．

既存のガバナンスにおける情報・情報技術の有用性

　近代的ガバナンスとの関係でいえば，軍事や警察が実効的に機能するために，情報が重要であることはいうまでもない．〈現代〉的ガバナンスの関係でいっても，きめ細やかな福祉サービスや教育サービスを提供するためには，個々人の状態についての情報が重要であるだろう．ポスト〈現代〉的ガバナンスをめぐる議論の一つの軸も，情報や知識の収集が鍵であることは既に述べたとおりである．

　これらのことは「インテリジェンス」の領域でも同様で，AIの登場以前から重要であることが認識されてきたことは疑い得ない．しかし，AIという情報技術はこれらのガバナンスをより実現可能にし，加えて，より効率化するだ

ろう．既述のように，量刑判断における AI 利用もその一端であろう（もちろん，裁判官による人種差別の傾向を回避するために AI を用いるという理由もある）．

ブラックボックス問題

　しかし，効率化をもたらすだけではない．しばしば，AI による判断は，大量のデータを複雑なアルゴリズムで処理するため，判断過程が不透明であり，ブラックボックスだといわれる[(19)]．この点が AI と人間との差異であるかのように語られる．

　確かに，たとえば，少なくとも現在の日本では，人間である裁判官の判断過程は，判決文の論理の中で明示されている．

　しかし，判決文で明示された論理が実際の判断において決定的であったかどうかは，法律家の間でも意見がわかれることはしばしばある．また，人間の判断過程で明示された理由が本当にその判断の理由であるという保証もない．このことと関連して，人間の脳の働きも解明できていない点も多い．

　他方で，AI による判断が複雑であることも確かであろうが，しかし，人間に理解可能な形で理由を示す AI の研究も進められている．

　ブラックボックス問題が AI 特有の問題を示しているかどうかは，今後の AI の発展も併せて，慎重な検討が求められる．

情報・情報技術それ自体が持つ力の内実？

　既存のガバナンスの道具としての AI という側面を考えたが，AI それ自体が独自の作用を持つことはあるのだろうか．

　「知識や情報は権力である」というフレーズは比喩表現としては理解できる．しかし，このフレーズが現実に成立する条件を真面目に考えると，この比喩表現が具体的に何を指すのかを特定することはかなり難しい問題である．情報の性質のところで述べたように，情報は物理的暴力やお金の配分とは相当異なる．

　情報それ自体が権力的な作用を有するわけではない．それに対する評価，そして，その評価に基づく人間の行動があって，情報は何らかの作用を持ち，権力の〈源泉〉となる．ここであえて〈源泉〉というぼかした表現を採用しているのは，かならずしも権力的に働くわけではないことを強調したいからだ．

　だからといって，情報の権力が，物理的暴力やお金の配分よりも，些細な力

となるわけではない. 法令違反を行った者の氏名の公表という行政活動を例に考えてみよう.

ヘイトスピーチをした者の氏名を公表するという手段が条例で定められていることがある. 公表された者が勤務先から解雇を言い渡されることもあるだろう. 当人にとっては罰金を支払うことよりもダメージが大きいこともある.

しかし他方で, ヘイトスピーチを行った者として氏名を公表されることは, 同種の活動家の中でその者の評価が高くなり, 名誉になることもある.

このように, 評判メカニズムの在り方によって情報(の暴露)が持つ意味は大きく変わりうる. AI による情報処理についても同様である. AI による情報処理が力を持つのは, それに基づいた社会の側のアクションあるいはそれを実施する技術があるからである. AI が判断するとしても, その判断が特定の方向へ向けた力をそれ自体の内に秘めているわけでは必ずしもない.

情報・情報技術のガバナンス —— 前史としてのインターネット・ガバナンス論争

仮に情報や情報技術が力を持っていると仮定して, それらをガバナンスすることを考えよう. 情報／情報技術がそれ自体力を持つモノではないとしても, 状況次第では, 物理的暴力やお金の配分以上の力を持つことはある. 問題は, その力をどのように制御するのかということである. まずは, GAFA をめぐる議論に象徴されるように, 特定の企業がそのような力を持ってしまった場合を考えよう.

身も蓋もないことをいってしまえば, 物理的暴力やお金の配分を使うことによって, 情報や情報技術の力を抑えることが可能である. 実は, この議論の一部はインターネットが普及し始めた 2000 年代前後の議論の反復である. インターネットは国境を越えたコミュニケーションを容易にし, 国家主権が及ばない空間を創出し, そこにおいてこそ人びとの完全な自由が達成されるのだというユートピア思想が登場した[20].

しかし, アメリカの憲法学者ローレンス・レッシグをはじめとした法学者は, これを厳しく批判した[21]. 第一に, インターネット上の振る舞いは一定の通信プロトコル(論理層)の上に成立するものであるから, その振る舞いもプロトコルの制約に従わざるを得ない. 第二に, インターネットもコンピュータをは

じめとするさまざまな物理的な装置（物理層）を用いてアクセスするのだから，国境を越えた通信といえどもどこか国家主権内部に装置を置く必要がある．そのような装置に対して国家主権は及ぼすことは可能である．

　したがって，情報や情報技術の権力だからといって，新しいガバナンスが直ちに求められるわけではない．GAFAといえども，物理的暴力を行使する装置を有しているわけではない．そのことの象徴として2010年代の中国で，さまざまな外国資本のSNSが次々と閉鎖され，中国の企業にとって代わられたという事実を想起するだけで十分であろう．

　しかしだからといって，近代的ガバナンスや〈現代〉的ガバナンスとは異なる，新しいガバナンスが不要だというわけではない．そのことを考えるためには，新しい時代のガバナンス[22]の理念から考え直す必要がある．

新しいガバナンスの理念？

　さて，ガバナンスの理念の一つである自由の問題から考えてみよう．情報・情報技術が権力性を帯びる場合における自由とは何であろうか．AI技術の発展と関連して，現在起きている事態の一例として評判メカニズムの全体化をとりあげよう[23]．

個別領域における評判メカニズム

　先に述べたように，情報の権力がどのように作動するのかは評判メカニズムの在り方による．評判メカニズムといってもさまざまなレベルがある．

　たとえば，親しい友人関係においても，評判メカニズムは働いている．収入がある，きちんとした職業についている，優しい，健康であるなど，さまざまな基準で，どこまでが自覚的な選択であるかはともかく，友人を選ぶ．たとえその選択が標準的な選択でないとしても，蓼食う虫も好き好きである．結果的に誰とも友達になれないこともある．

　経済の世界でも，この評判メカニズムは働いており，既にある程度システム化されている．借金の返済を滞らせているため，ブラックリストに入ってしまった結果，金融機関は容易にお金を融通してくれないこともある．

　しかし，これらの結果が個人の自由を侵害しているわけではない．例えば，恋人になることを請求する権利はないし，また，個人に返済見込みの薄いお金

を借りる権利はない．また，個人は身なりをよくする，少しずつ借金を返済するなど，信用という評判を回復するという手段もある．さらにいえば，別の評価軸で動いているコミュニティに移動するという手段もある．

親密な関係，経済的な信用関係という個別領域で多様に評判メカニズムが働いている分には，間違いや偏見がない限りは，個人の自由を大きく損なうものとは直ちにならないであろう．

評判メカニズムの全体化の危険

自由との関係で問題となるのは，このような評判メカニズムがすべての領域に通用する統一的なシステムとして立ち上がってしまう場合であろう．また，その場合，その評判の基準がどのように形成されているのかということも併せて問題となる．

統一的なシステムによって，個人の自由の前提となる多様性は減縮されるであろう．多様性のないシステムが必ずしも自由を制限しているとはいえない（道路交通の左側通行が日本人の自由を減縮させているとは考えられない）けれども，自由の条件としては多様な選択肢があることが重要であろう．そして，統一的な評判メカニズムが否定的なサンクションたる刑罰と結びつけば，個人の自由に対する直接の制約となる．制約だからといって，直ちに悪いというわけではない．どのような目的で，また，どのような手続きでその制約が導入されているのかが問題となるだろう．さらに，そのメカニズムの基準がブラックボックスであれば，どのような基準で制裁が加えられるかを恐れて，その他の条件が変わらない限り，個人は自由に活動する領域を大きく狭めるだろう．もっといえば，その基準の形成が一部の人間にコントロールされているのであれば，民主的な自由が奪われているとさえいえる．

中国において，このような評判メカニズムが，統一的な形で，なおかつ，非民主的な形で，ただ，緩やかな処罰を伴うものであるけれども，形成されつつあるといわれる[24]．

鍵としてのハイエク

もちろん，このような全体化は幸福に資するのだといわれることがある．自由を確かに奪うけれども，幸福を増大させているという側面もある．功利主義

を採用すれば，全体化は危険なのではなく，真っ当な道筋であると考えることもできる．

しかし，当該システムが現実に功利主義的に高く評価できるものであるのかどうかは別問題である．すなわち，当該システムにおいて功利主義を実現するために必要な情報や知識が本当に確保されているのかどうかが問題となるからである．

ガバナンスにおける必要な情報や知識をどのように確保するのかという問題を提起したのは，第2節で紹介したハイエクの議論である．

市場における競争を新たな情報や知識を発見するためのメカニズムだと捉えたハイエクの議論は，リベラリズムであれ功利主義であれ，ガバナンスの成否を考えるうえで重要な議論である．

コネクテッド AI の内実？

以上の議論を踏まえて，あらためて AI とは何かを考察する必要がある．ビッグデータと機械学習，本節の冒頭でこの二つの要素で定義し，将棋の AI を例に説明した．ここから二つの問題を指摘したい．一つは，「コネクテッド」の問題，いま一つは，ビッグデータの問題である．

AI が人工知能を持ったロボットとしてイメージされるとき，人間と同様の，自律的に動く主体，すなわち，スタンドアローン型のロボットとしてイメージされている．鉄腕アトム，ドラえもん，ターミネーターなど，そのようなイメージは枚挙にいとまがない．

しかし，現在議論され，考案されている AI の多くは，ネットワークに接続されることが想定されている．自動運転車にしろ，個々の自動車が自律的に考え，走行するというものではない．ネットワークに接続され，プログラムが最新バージョンに更新されていくというものである．現在，われわれが用いているパーソナル・コンピュータの(大半の)OS と同様である．

この場合，われわれ人間が相互にコミュニケーションしながら学習していくというプロセスに近いのか，あるいは，統一的なプログラムに書き換えられていくのか．ここで AI ネットワークという言葉が用いられる．ネットワークといえば，分散的な処理に親和的な用語であるが，しかし，それが分権的な機能を果たしているのかは，別途検討する必要がある．すなわち，ハイエクのいう

ような分散的な決定システムとして働くのか，中央集権的な決定システムとして働くのかを別途考察する必要がある．

ビッグデータが引き起こすトラブルの原因？

　この点と関連して，ビッグデータの問題も重要である．誤った認識を示す有名な例として，「結婚式」の例がある．結婚式のカップルの写真を集めて，AIは「結婚式」というものを定義する．しかし，最初に集めたデータが白人カップルの結婚式の写真ばかりであったら，それらをもとに「結婚式」を定義する．そして，異人種の結婚式を認知することができない．

　ここで注意しなければならないのは，アルゴリズムが必ずしも間違っているわけではなく，最初に集めたデータに偏りがあるということである．そうすると，どのようなデータを集めて処理させるのかが鍵となる．

　もし日常的にわれわれの行動の情報を収集し，学習していく AI が登場し，その AI が問題を引き起こした場合，その原因は AI のアルゴリズムにあるというよりもわれわれの日常の行動の方にあると考えることもできる．

　このような場合，AI を上手く作動させるためには，われわれ人間自身が日々品行方正な行動を心掛けることが必要となる．最新の情報技術の環境下でわれわれが自由を獲得したいならば，われわれ人間が相互に寛容な態度を示し，他者を不用意に傷つけない振る舞いを心掛けることが肝要であるのかもしれない．すなわち，われわれ自身が自由を尊重する徳を積んで修養していくことが近道となるかもしれない．

情報技術と人間社会の入れ子構造

　ここでは，情報技術の問題のみならず，社会の有り様も問われることになる．ただ，間違えてはいけないのは，「社会の有り様」だけが重要なのだと誤解しないことである．

　技術の側と人間社会の側とを峻別して問題を立ててしまうと，技術の側が人間社会を構成する局面が見失われ，究極的には，人間が技術を構成するのだという局面のみがクローズアップされてしまう[25]．技術と人間社会の入れ子構造に注意する必要がある（本書第 6 章を参照）．

　第 2 節で AI と一見無関係なガバナンスの話をしたが，しかし，AI も既存の

枠組みの中で開発されていくという側面を無視することはできない．たとえば，「AI」が商品の広告として有用であるならば，企業は，仮にその内部の技術者がその危険性を指摘していたとしても，AI を商品として売り出すべく消費者を不安に陥れないように，安全性を過剰に強調するインセンティブがあるだろう．また，権威主義的な国家で開発される AI と民主的な国家で開発される AI が同じような発展経路をたどることはないだろう．

自由論の居場所──「都市」の中の自由

　さて，本章では，自由論を大々的に展開したわけではない．第 1 節においては，諸刃の剣としての AI，第 2 節では，ガバナンスの形態，第 3 節においては，情報／情報技術・AI をめぐるガバナンスを議論してきた．

　このような展開それ自体に意味がある．自由論は「荒野」の中で考察されるべきではない[26]．近代におけるリベラリズムの自由論は，自然状態から社会契約論へ，言い換えれば，政府や発達した社会のない人間関係だけの世界において考えられていた．

　しかし，現在，われわれは，高度に発達した社会的・技術的な環境の中で，つまり，「都市」的な環境の中で，活動している．実際の田舎であっても，情報技術は浸透しつつある．このような環境によって，われわれは現代における自由を考えるうえで，スマートフォンなどの情報環境を離れて考えることはできないであろう．また，そのような情報環境をコントロールするガバナンスの問題から離れて考察することはほとんどできないだろう．

　もちろん，高度な科学技術から隔絶して暮らしているアーミッシュの共同体のような，隔離された世界で自由を選んでいくという道を否定するものではない．より現実的には，一定の技術を拒否する領域，たとえば，完全な自動運転車の走行を許さない地方自治体があってもよいかもしれない．

　しかし，最新の情報技術の恩恵を受けながら自由を獲得するためには，そのような環境を制御する議論を抜きにして自由論を展開することはできない．そして，そのような自由論を実効的に展開するためには，経済や政治から離れて自由に専門知を形成する集団の自由も重要となる．

参考文献

大屋雄裕『自由か，さもなくば幸福か？——21世紀の〈あり得べき社会〉を問う』ちくま書房，2014年.

大屋雄裕「個人信用スコアの社会的意義」総務省学術雑誌『情報通信政策研究』第2巻第2号（https://www.soumu.go.jp/main_content/000605069.pdf で入手できる）.

松尾陽編『アーキテクチャと法——法学のアーキテクチュアルな転回？』弘文堂，2017年.

松尾陽「アーキテクチャによる規制と立憲主義の課題」宍戸常寿ほか編『憲法学のゆくえ』日本評論社，2016年，278–296頁.

(1)　ニック・ボストロム（倉骨彰訳）『スーパーインテリジェンス——超絶AIと人類の命運』日本経済新聞出版社，2017年.

(2)　ユヴァル・ノア・ハラリ（柴田裕之訳）『ホモ・デウス——テクノロジーとサピエンスの未来（上）（下）』河出書房新社，2018年，第10章.

(3)　たとえば，松尾豊『人工知能は人間を超えるか——ディープラーニングの先にあるもの』KADOKAWA，2015年；翁邦雄『移民とAIは日本を変えるか』慶應義塾大学出版会，2019年がある.

(4)　異なる方向性は，どのように権力的な決定に民意を反映させるのかという民主政の方向性である．本章では，主題的に取り上げられないが，関連する部分では触れていく.

(5)　自動走行車を念頭に，トロッコ問題に対して刑法学的な考察を加えたものとして，深町晋也「ロボット・AIと刑事責任」（弥永真生・宍戸常寿編『ロボット・AIと法』有斐閣，2018年），221頁.

(6)　これらの問題をさまざまな法的な観点から考察したものとしては，藤田友敬編『自動運転と法』有斐閣，2018年に収められた各種の論文がある.

(7)　ここでは，アルゴリズムの話だけをするが，しかし，自動運転車に伴う問題はそれだけではない．自動車にアルゴリズムを実装していくためには，周りの環境データを探知する必要もあるから，自動車にセンサをとりつけなければならない．それにより，自動車の構造を変更する必要もでてくるだろう．また，自動運転車を公道上走らせてよいのかは，道路管理の問題も関わってくる.

(8)　文脈は異なるが，AIの導入が人間社会の根本を変える可能性を指摘して，そのような場合には憲法改正を視野に入れるべきだという議論として，山本龍彦「AIと憲法問題」（同編『AIと憲法』日本経済新聞出版社，2018年所収）.

(9)　紙面の関係で，各ガバナンスにおける法形態の在り方を詳述することはできなかった．近代的ガバナンスと〈現代〉的ガバナンスにおける法形態は，田中成明の法の三類型における「普遍主義型法」と「管理型法」に概ね対応している．田中成明『［増補版］現代日本法の構図』悠々社，1992年.

(10)　別の方向性として，社会主義の道もあるが，ここでは取りあげることはできない.

(11) 阿部昌樹「COLUMN-6 現代法論争」和田仁孝編『法社会学』法律文化社，2006 年，74 頁.

(12) 室井力『現代行政法の原理』勁草書房，1973 年，20-22 頁など，各種の行政法学の教科書も参照.

(13) ここにおける言明は，過去を記述するためのものに過ぎず，問題化するべきではないという規範的な言明を含むものではない.

(14) 筆者は，「ポスト行政国家」としてその展開を簡単に素描したことがある（「ポスト行政国家時代の立法理学の可能性」『法哲学年報 2014』有斐閣，2015 年）が，それもその議論の多様性を描くには，全く不十分である. 包括的な著作としては，Edward L. Rubin, *Beyond Camelot: Rethinking Politics and Law for the Modern State*, Princeton University Press, 2005 を挙げておきたい.

(15) John Rawls, *A Theory of Justice: A Revised Edition*, Belknap Press, 1999.

(16) 以下のハイエクの議論については，F. ハイエク（田中真晴・田中秀夫編訳）『市場・知識・自由』ミネルヴァ書房，1986 年，第 2 章と第 3 章を参照.

(17) 林晋氏による米国の企業へのインタビューはまさにそのことを示している，林晋「AI と社会の未来——労働・グローバライゼーションの観点から」RIETI Policy Discussion Paper Series 17-P-033, 2017, https://www.rieti.go.jp/jp/publications/pdp/17p033.pdf

(18) この区別については，Yochai Benkler, *The Wealth of Networks: How Social Production Transforms Markets and Freedom*, Yale University Press, 2006, p. 392.

(19) Frank Pasquale, *The Black Box Society: The Secret Algorithms That Control Money and Information*, Harvard University Press, 2015.

(20) ジョン・ペリー・バーロウに代表される「インターネットの夜明け」時代のユートピア思想を丁寧に整理したものとしては，see Julie Cohen, "Internet Utopianism and the Practical Inevitability of Law," *Duke Law & Technology Review* Vol. 18, No. 1, 85 (2019).

(21) 代表的文献としては，Lawrence Lessig, *Code version 2.0*, Basic Books, 2006; Jack Goldsmith and Timothy Wu, *Who Controls the Internet?: Illusion of a Borderless World*, Oxford University Press, 2006.

(22) 新しいガバナンスといっても，たとえば，行政法学の中では，「行政情報法」として認知されている領域である.

(23) 他に，政府や企業による心理学的な特性の利用がある. いわゆるナッジである. なお，単なるインセンティブの促進をも「ナッジ」と呼ぶこともある. しかし，意識的な選択の誘導は金銭の配分でもあったことである. 無意識的な誘導にこそ，ナッジの意義があるだろう.

(24) 梶谷懐・高口康太『幸福な監視国家・中国』NHK 出版，2019 年，86 頁.

(25) 稲谷龍彦「技術の道徳化と刑事法規制」松尾陽編『アーキテクチャと法——法学

のアーキテクチュアルな転回？』弘文堂，2017 年，第 4 章.

（26）　以下，「荒野の自由」と「都市の自由」とを対比した自由論は，フィリップ・ペ
ティットの議論からきている．Philip Pettit, *Just Freedom: A Moral Compass for A Complex World*, W. W. Norton & Company, 2014, p. 49.

AI・技術的失業・分配的正義

宇佐美誠

I　AI 時代の分配問題

AI は何ができるか？

　AI はさまざまな知的作業ができる．最もよく知られた例は，ゲームやクイズだろう．1997 年，IBM 社の Deep Blue は，チェスの世界チャンピオンと対戦して勝利を収めたが，その 20 年後には，グーグル・ディープマインド社の AlphaGo が，囲碁の世界トップの棋士に勝利した．それに先立つ 2011 年，IBM 社の Watson は，クイズ番組「ジェパディ！」において，番組史上で最強とされた解答者に勝っている．

　だが，AI の能力はゲームやクイズにとどまらない．Watson は，経営診断・保険リスク計算・技術開発・医療診断など，多種多様な業務ですでに活用されつつある．また，AI は，ベテラン記者も顔負けのスポーツ記事を書くことや，大学生のレポートを教員に匹敵する正確さで採点することも，さらにはオランダ絵画の巨匠と見間違うほどに素晴らしい油絵を描くことさえできる．ハード面では，自動運転車が最近注目されているが，それに先立って各種の産業用ロボットが開発され普及してきている．

　AI が何をできるかと並んで重要なのは，いくらでできるかである．産業用ロボットの平均販売価格は，2009 年には 63,000 アメリカドルだったが，2018年には，その 70％ にあたる 45,000 ドルまで下がっている．新技術のめざましい発達を見ると，対応可能な業務が急速に拡大するだけでなく，価格がいっそう低下してゆくと予想される．

AI教育

AIやそれを実装したロボットが，広範な業務をますます安価にこなせるようになれば，多くの職業で人間に取って代わることが，当然に予想される．その先にあるのは，未曾有の規模の失業という事態かもしれない．こうした近未来の予想に対して，多くの識者が強調してきたのは，AIによって仕事を奪われず，むしろAIとともに働けるようになるための教育の必要性である．

ところが，多くの人が実際に失業するならば，AI対応の教育の拡充だけではまったく不十分である．教育は主として稼働期よりも以前に行われるから，稼働期の労働者が職を失った場合，明日からどのように生活の糧を得るかという緊急の問題に対して，教育は即効力がない．AI対応の成人教育を無料で受けられる制度を作ればよいという人がいるかもしれない．だが，そのような制度が仮にできても，各失業者が複雑な技能をどこまで習得できるかは不確かであり，また習得できる場合にも時間を要する．他方，失業者にとって，生活費の捻出はただちに現れる問題である．AI対応の教育は，他の人よりも失業しにくい労働者を養成するためには必要だが，現に失業してしまった元労働者を即座に救済できないのだ．

分配的正義の問い

大規模なAI失業という近未来像が大きく誤ってはいないとすれば，大勢の失業者への再分配をどうするかという問題を避けられない．より一般的には，社会の富をどのように再分配するのが正しいかという**分配的正義**の問題が生じる．分配的正義は，法哲学・政治哲学・道徳哲学(倫理学)において研究されてきた．これまでの研究成果を踏まえた上で，大失業時代が到来するならば，どのような分配原理が要請されるかを探究することが，本章の目的である．

以下では，まず，AIの発展に起因する大規模な失業という予想が，主流派経済学ではおおむね否定されてきたが，最近は有力となっていることを紹介し，そして大失業は所得の二極化につながると指摘する(第2節)．次に，今日の分配的正義論の出発点となったジョン・ロールズの理論も，それを批判したロバート・ノージックの学説も，AI大失業という近未来像を前にしては説得力を失うことを確認する(第3節)．続いて，選択を一因とする不利性を救済する一

方で，状況にもとづく不利性は救済しないという運平等主義が，この近未来像にどこまで応答できるかを検討する（第4節）．さらに，分配的正義の理論をどのように制度化しうるかを考察する（第5節）．最後に，分配的正義の実現は市場の発展という社会的利益の促進と一致しうると指摘する（第6節）．

2　大失業時代の到来か

ケインズの予言

　AI大失業の可能性について考えるときによい手がかりとなるのは，ジョン・メイナード・ケインズの予言である．彼は1930年に，人々が，これまで病名を聞いたこともない新たな病気に悩まされていると述べた[1]．それは**技術的失業**である．技術的失業とは，新技術が進歩した結果，被用者が提供できる技能と，雇用者が求める技能とがあわなくなって生じる非自発的な失職をいう．20世紀の初め頃，アメリカで自動車が普及すると，それまでは人々の重要な移動手段だった馬車がすたれて，大勢の御者や馬丁が職を失った．

　ケインズの短い論述は，技術的失業を先駆的に指摘したものとしてしばしば引用されてきた．だが，より重要なのは，彼が，こうした失業は一時的な不適応にすぎず，人類は長期的には経済問題を解決していると指摘した点だろう．彼は，先進諸国の生活水準が，100年後には当時の4倍から8倍にもなるだろうと予言している．

ラダイット運動

　技術的失業は，もちろんケインズの時代に初めて現れたわけではない．最初の技術的失業は，太古の昔に車輪が発明されたときに遡るとも言われる．だが，これが顕著となるのは産業革命以降である．18世紀後半のイギリスでは，蒸気機関の発明と実用化によって，これを用いた紡績機や織機が，急速に普及していった．これらの新技術は，糸つむぎや機おりをする家内工業の熟練工から仕事を奪うだろうと危惧された．そこで，織機の一種を発明したウィリアム・リーが特許を申請した際，エリザベス1世もその後継者ジェイムズ1世も，失業を生む恐れがあるとして特許を認めなかった．

その後，熟練工は，自分たちが，紡績機・織機を操作する未熟練工に取って代わられることをいっそう恐れるようになった．こうした背景から19世紀初めに起こったのが，**ラダイット運動**である．いくつかの工業都市で，手織り工による機械の打ちこわしが続き，政府は対応に手を焼いた．

長期的失業への懸念

技術的失業は，経済学者の間で広く認識されてきた．論争の焦点は，これが一時的・局所的にすぎないのか，あるいは長期的・全体的に及ぶのかである．経済学の用語で言えば，技術的失業は構造的失業であるかどうかだ．構造的失業とは，好況期と不況期がくりかえし訪れる景気循環のなかで，好況のピークのときにさえ見られる恒常的な失業をさす．

新技術による長期的失業への懸念は，すでに19世紀に，トマス・ロバート・マルサス，デイヴィッド・リカード，ジョン・スチュアート・ミルなど，代表的な古典派経済学者によって示唆されていた．1960年代以降には，ロボットさらにはAIの普及による失業の動向や見通しが，一部の経済学者によってたびたび考察されてきた．さらに，ポール・サミュエルソンは1980年代末，リカードの失業への懸念は正しかったと論じている．

「ラダイットの誤謬」

英語圏では，AI・ロボットを要因とする大規模で長期的な技術的失業を予想する論者は，「悲観派」と呼ばれている．他方，この予想に対して否定的または懐疑的な論者は，「楽観派」と呼ばれる．もっとも，これらの呼び名は誤解を招くものだと後に指摘するつもりである．

経済学の主流である新古典派は，技術的失業が局所的で一時的な現象にすぎないと考える．その説明によれば，新技術の出現によって，新種の機械を製造する職業や，他の新たな職業が創り出される．また，新技術は商品価格を引き下げるから，需要が増え，それに応じて供給を増やすために，企業はより多くの人々を雇うだろう．さらに，ある職業で余剰人員が生じれば，賃金が下がるから，同規模の総人件費でより多くの人々を雇えるようになる．これらの経路を通じて，新技術は長期的には雇用を増加させるはずだというのである．加えて，産業革命では，ラダイットの失業への恐怖にもかかわらず，新たな雇用が

創出されて増加した．その後も，イノヴェーションが間断なく起こるのと並行して，労働需要は長期的には増え続けてきた．

ここから，「**ラダイットの誤謬**」という呼び名が生まれた．長期的な AI 失業という予想は，ラダイットが抱いたような不合理な杞憂にすぎないというわけだ．

新たな AI 大失業論の高まり

ところが，2010 年代に入ると，アメリカでの AI・ロボットの急速な発展は，失業率を高止まりさせており，遠からず大規模な失業を招くだろうという見解が，強力に唱えられるようになる（章末の参考文献を参照）．経済学では，エリック・ブリニョルフソンとアンドリュー・マカフィーが，リーマン・ショック後の高失業率を，景気循環やイノヴェーションの停滞によっては説明できず，むしろコンピュータに代表されるイノヴェーションの速さに労働者が追いつけない結果だと論じた．続いて，イノヴェーションの停滞を主張して有名になったタイラー・コーエンも，新技術の発達が従来の中間層を崩壊させて，少数のきわめて富裕な人々と多数の富裕でない人々に分裂させると述べている．

シリコンバレー起業家のマーティン・フォードは，各種の統計資料や印象的な逸話を織り交ぜながら，AI・ロボットが，やがて大規模な失業や所得格差の拡大をもたらすと説得的に論じた．その後も，AI 大失業という近未来像の考察が，研究者や起業家によって相次いで行われている[2]．

論争の新たな局面へ

もっとも，長期的な AI 失業の見通しを否定する見解も，引き続き見られる．経済学者デイヴィッド・オーターは，労働人口が次第に高技能・高収入層と低技能・低収入層に二極化してきたと指摘しつつも，この現象は今後は続かないだろうと予想する[3]．そして，AI は労働者を代替するだけでなく補完もすることを強調して，失業増加を否定している．

このように異論も見られるものの，大規模で長期的な AI 失業を予想する論調の高まりは，主流派経済学に対して新たな疑問を投げかけている．「ラダイットの誤謬」という門切り型のレッテルは，かつてないほど強力な挑戦を受けつつある．AI 大失業を単なる杞憂として片づけることは，もはや難しいだろ

う[4].

職業と所得の二極化

　いわゆる悲観派か楽観派かを問わず，すでに見られる現象として認知されてきたのは，**職業の二極化**である．これは，労働者のなかで，高技能・高収入層と低技能・低収入層が増加する一方，両者の間の中技能・中収入層が減少するという現象をさす．この現象は，アメリカに限らず先進国で，過去40年間にわたって程度の差はあれ以前から見られてきた．そして，悲観派によれば，AI・ロボットの発展は，中技能・中収入層の減少をいっそう促進するだけでなく，高技能・高収入層を中技能・中収入層に近い部分から順に侵食してゆくだろう．

　職業の二極化が今後さらに進行してゆくならば，所得の二極化をもたらすと予想される．一方の極には，AI商品の会社の経営陣・管理職や，研究開発にたずさわる高給の技術者，迅速なAI導入により成長した企業の経営陣，そしてAIに補助されながら効率的に業務を進める高技能労働者がいる．他方の極には，AI・ロボットに代替された中技能の元労働者や，収入が減少した低技能労働者が大勢いるだろう．大失業社会とは，稼働年齢層の大半が失業してしまった，いわば無職者社会ではない．むしろ，AIの巨大な能力を活用できる経営者・高技能労働者と，AIに代替された失業者や自動化から取り残された低技能労働者を含む貧困層とに分裂した二極化社会なのである．

職種消滅のリスク

　AI失業に関連して，職種消滅のリスクに関する統計的推計が注目されてきた．2013年，経済学者のカール・フライとマイケル・オズボーンは，アメリカの702職種を対象として，コンピュータ化（自動化）される確率を推計した[5]．その結果は，雇用のじつに47%が自動化の高いリスクにさらされているという衝撃的なものだった[6]．

　続いて，シンクタンクのブリューゲルは，フライらの手法をヨーロッパ連合（EU）に適用して，EU全体で54%の雇用が高いリスクの下にあると結論づけた．同じ手法を日本に適用した研究によれば，アメリカを上回る55%が高いリスクにさらされている[7]．同様に，野村総合研究所は，労働人口の49%が

AI・ロボットに代替されうると試算する．さらに，フライらによる後続研究によれば，新興国・途上国は先進国よりもいっそう脆弱である[8]．インドで69％，中国で77％，エチオピアでは85％だという．

　他方，経済協力開発機構（OECD）の報告書は，性別・年齢・学歴等の人口統計データを使用した分析により，職種消滅のリスク下にある雇用はOECD加盟国の平均値で9％にとどまるとした[9]．他の若干の報告書も，リスクはフライらの推計結果よりもかなり低いとする．もっとも，OECDの報告書は，人口統計データの使用は推計に対して関連性をもたないというフライらの批判を招いている．

失業と職種消滅

　職種消滅のリスク推計はAIによる失業の予想を数値的に示したものだと，わが国ではしばしば理解されている．そのため，OECDの報告書などに依拠して，AI大失業の予想は間違いだと考える向きもある．だが，これはやや速断にすぎる．ある職種がたとえ存続しても，もとの就業人口が大きく，その大半がAIに代替されるならば，多数の失業者が発生するはずだ．職種消滅のリスクは，大規模な失業の可能性と関連するものの，別個の論点なのである．

　また，職種でなく業務（タスク）に着目すれば，大規模な失業は考えにくいという見解も，わが国には散見される．ある職種の業務の一部をになうAIは，労働者に代替せずこれを補完しており，また労働者は新たな業務に移れるからだという．だが，AIの活用によって人間の業務量が減少する一方で，新たな業務がさほど多く発生しないならば，労働需要は低下するはずである．たとえば，ホテルのチェックインについて，AIはいずれ，宿泊客のリクエストに応えつつ部屋を割り当て，多種多様な質問にも回答できるようになるだろう．チェックアウトの自動化は，欧米ではかなり広まっている．そうなると，人間による「心のこもった」サーヴィスを謳う高級ホテルを例外として，多くのホテルでは，フロント係の人数がやがて大幅に減るのではないか．

失業とシンギュラリティ

　AI大失業は，シンギュラリティ（技術的特異点）の到来とも混同されがちだが，両者はまったく別個である．汎用人工知能（AGI）が発達し，自律的に作動する

知性が再帰的に向上してゆくと，いずれは機械の知性が人間の知性を超えるかもしれない．そのとき，人間文明はまったく新たな段階を迎えるだろう．これがシンギュラリティである．いく人かの論者がこの概念を提唱してきたが，近年で有名なのは，発明家・未来学者のレイ・カーツワイルによる，2045年に到来という予想である（第1章第2節参照）[10]．他方，予測可能な未来にはシンギュラリティは生じないという見解も，さまざまな角度から示されている．

　シンギュラリティはやがて到来するかもしれず，しないかもしれないが，それは大規模な失業とは無関係である．われわれはほぼ全員，人間の最高の知性からはかけ離れた水準の仕事に就いており，単純な定型的業務を行っている人も多い．そこで，シンギュラリティで想像されているよりもはるかに低水準のAI・ロボットさえも，多くの労働者に代替しうる．したがって，シンギュラリティは来ないと考える人も，それを根拠として大失業の可能性を否定することはできない．

労働力不足の解消策か？

　AI・ロボットの発展は，**少子高齢化**による労働人口の不足が続くわが国にとっては朗報だという声も少なくない．たしかに，15歳から64歳までの生産年齢人口は，1997年の8700万人をピークとして年々減少し，20年後の2016年には7665万人と，88％にまで落ちている．この減少は国際的に突出している．2000年時点の生産年齢人口を100としたとき，2015年時点で，アメリカの114，イギリスの109などと比べて，日本は90に低下しているのだ．2018年には2.4％まで下がった近年の低い完全失業率は，若い労働者の不足によるところが大きい．

　こうした労働力不足の解消策として，AIの発展に対する期待が高まっている．しかしながら，AIが本格的に発展してゆくならば，少子高齢化による労働力不足を相殺して余るほど多くの職業機会が，加速度的に減少してゆくかもしれない．AIによる労働者の代替は，人件費の削減や人的ミスの防止など，各企業の経営上の理由によってミクロなレベルで行われる．そのため，日本社会全体の労働力不足の解消というマクロな企図とは無関係な速度で進展しうる．

　では，政府は，AIによる労働者の代替を抑制して，労働力不足を解消するかぎりでAIが発展するように誘導するべきだろうか．このような設計主義的

政策はうまく機能しないだろう．世界一の経済大国であるアメリカや，「世界の工場」と呼ばれる中国が，強力に自動化を推進しているなかで，日本だけが自動化を抑制するならば，わが国は国際競争のなかで大きく後れをとることになる．

3　ロールズとノージックを検討する

起点としてのロールズ正義理論

　前節で見てきたように，大規模で長期的な AI 失業という予想を，いまや単なる杞憂として片づけることはできない．そうだとすれば，AI 大失業がもたらす所得の二極化に備えて，再分配の仕方をよく考えておく必要がある．そこで，便益・負担の分配の正しさを考究してきた分配的正義論の世界を，本節と次節で探訪してゆこう[(11)]．

　今日の分配的正義論の活況を創り出すのに大きく貢献したのは，政治哲学者ロールズが『正義論』(初版 1971 年)で提示し，その後の著作で発展させてきた**公正としての正義**という理論である．この理論は壮大にして複雑で，しかも後年には大きく展開したから，その解釈や評価をめぐって膨大な研究が生まれた．こうした研究は「ロールズ産業」と揶揄されるほどだった．現在の分配的正義論の起点がロールズ正義理論にあることを踏まえれば，この理論が AI 大失業の可能性に対してうまく応答できるかを，まず問うべきだろう．

格差原理

　ロールズ正義理論の基本的想定の一つは，人々がみな相互に便益を与えあう共同事業として社会を捉えるという社会像にある．これに関連して，社会のすべてのメンバーが互いに便益を与えあうという互酬性が強調される．

　社会の全員が互いに便益を与えるという想定は，具体的に何を意味するのだろうか．これを考えるよい手がかりは，ロールズが唱えた**格差原理**にある．彼は，原初状態という架空の状態において，自由で平等な人々が無知のヴェールの下で，社会の基底構造をともに決定するという状況を想像する[(12)]．無知のヴェールとは，各人がみずからの人種・性別・所得・価値観などを知らないこ

とである．また，社会の基底構造には，大統領制か議院内閣制か，一院制か二院制かなどの政治制度や，自由市場か計画経済かといった経済制度が含まれる．

ロールズによれば，原初状態の人々は，無知のヴェールの下で全員一致により**正義の二原理**を採択するはずである．その一部が格差原理である[13]．格差原理は，社会的経済的不平等を是正しなくてもよい条件として，不平等が最も不利な人々の最大の利益となることを要求する．

最も不利な人々とは誰か？

最も不利な人々とはどんな人たちか．ロールズは二通りの定式を与えているが，その一方は所得に着目する．所得の中央値の半分に達しない人々が，最も不利な人々だとされる．

原初状態において，A氏・B氏・C氏が，自由市場か計画経済かを選択すると仮定してみよう．3人は無知のヴェールにより知らないが，自由市場が選ばれる場合には，彼らは**図5-1**のⅠの所得をえる一方，計画経済の場合には，Ⅱの所得にとどまる．このとき，C氏が最も不利な人々にあたる．自由市場の下では計画経済と比べて，彼の所得が最大化されている．そのため，格差原理は3人に，自由市場を選択するよう要求する．

ロールズの他方の定式によれば，最も不利な人々とは未熟練労働者をさす．そして，所得の中央値の半分未満の人々と，未熟練労働者という二つの解釈のどちらでもよいという．これは一見すると奇妙だ．社会には，職が見つからない失業中の人たちや，重度の身体障碍・精神障碍により労働できない人たちが，実際にいる．これらの人々は，低所得者となりやすいが未熟練労働者ではない．

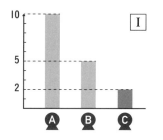 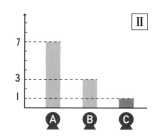

図5-1　格差原理

全員就業社会という想定

　ロールズは，低所得者と未熟練労働者をなぜ同一視したのだろうか．それは，社会のあらゆるメンバーが労働を通じて互いに貢献しあうと想定していたからである．この想定を「**全員就業社会**」と名づけよう．全員就業社会では，最も不利な人々も労働を通じて，より有利な人々に便益を与えている．そうであれば，社会的経済的不平等がこの人々の便益を最大化するべきだという格差原理にもうなずける．

　しかし，全員就業社会の想定は，予想される AI 大失業からあまりにもかけ離れている．全人口の限られた割合を占める人々だけが働く社会では，すべてのメンバーが労働を通じて貢献しあっているとはとても言えない．結局，格差原理を含む公正としての正義は，AI の発展がもたらしうる新たな経済状況に対して，有効な理論的応答を示せないのである．

日常的リバタリアニズム

　ロールズ正義理論は AI 大失業に応答できないという私の指摘は，失業者を救済するべきだという前提に立っている．しかし，そもそもこの前提に違和感をいだく読者も，いるのではないだろうか．就業者が勤務先や顧客の役に立ち，その対価として給与を受け取っているのに対して，失業者は労働によって誰かの役に立っているわけでないから，対価を受け取れないのは当然ではないか．市場で人の役に立つ人に報いることが正義であり，役に立っていない人を救うのはむしろ不正義ではないか．このように感じる人もいることだろう(14)．

　このような感想は，政治哲学者のリアム・マーフィーとトマス・ネーゲルが「**日常的リバタリアニズム**」と呼んだものの一種である(15)．日常的リバタリアニズムによれば，市場でえられる結果は正しく，そこからの逸脱を求める租税には正当化が必要となる．こうした見解の二つの形態を区別できるだろう．弱い形態は，マーフィーらが定式化したように，市場での結果を変更する租税は正当化を必要とするとだけ述べる．他方，強い形態はさらに進んで，市場での結果を変更する租税は正義によっては決して正当化されないが，しかし別の理念によって正当化されうると論じる．

　失業者の公共的救済は正義に反するという意見は，強い日常的リバタリアニ

ズムにあたる．では，この立場を根拠づける分配的正義の理論はあるのだろうか．あるならば，それはどのような理論だろうか．そして，どこまで説得的なのだろうか．

ノージックの歴史的権原説

強い日常的リバタリアニズムを支持する最も知られた学説は，哲学者ノージックが『アナーキー・国家・ユートピア』(1974年)で提示したリバタリアニズムの国家理論である．彼はそのなかで，勤労収入への課税は強制労働と同等だと主張する[16]．ある人が労働した成果を没収することは，その人から労働時間を没収して，さまざまなことを実行させることと異ならない．人々が課税を通じて，ある人を一定の時間には無報酬で働かせるならば，その人が何をするべきか，またその仕事が何を目的とするべきかを，人々が決定していることになるという．

ノージックによれば，分配的正義の諸理論は二つの陣営に大別される．一方は，誰が何をもつかという分配によって，正義に適うかどうかが決まるという結果状態説である．結果状態説に属するロールズ正義理論を批判して，ノージックは，歴史的権原説を提唱した．歴史的権原説によれば，各人が特定の財をもつまでのプロセスによって，正義に適うかどうかが決まる．正義は，無主物の専有について定める獲得原理，交換や贈与を律する移転原理，窃盗や競争からの排除が生じた場合に作用する匡正原理からなる．

所有権と租税

歴史的権原説を組み立てる際にノージックが出発点としたのは，各人がみずからの身体を所有しているという**自己所有論**である．ジョン・ロックはかつて，個人が，みずから所有する身体を用いて，ある土地に労働を加えるならば，その土地への所有権をえるという労働所有論を唱えた[17]．ノージックは労働所有論を他の財にまで拡張する．市場でみずからの労働を投下した人は，その結果としてえる収入に対して所有権をもつ．そのため，勤労収入への課税は所有権の侵害になるという．

もっとも，ノージックはあらゆる課税に反対するわけではない．各人の生命や所有物を他者の侵害から保護し，上述の三つの正義原理を実行するのに必要

なかぎりで，国家は課税してよい．ノージックは，国家がない自然状態から，保護サーヴィスを提供する複数の保護協会の並立，支配的保護協会の登場，そして最小限の役割をはたす**最小国家**の出現にいたるまでの仮想的プロセスを，さまざまな哲学的考察を織り込みながら，活き活きと描き出している．

ユートピアとしての最小国家

　結果状態説は，最小国家の範囲を超えた拡張国家を求めるだろうが，ノージックによれば，拡張国家は正当化されえない．最小国家では，税金を用いた失業者への給付や，強制的な失業保険は採用できず，失業者が困窮すれば，慈悲にもとづく寄付だけが行われる．

　そのような国家は弱者切り捨てのディストピアではないか——そう感じる人が少なからずいるだろう．だが，ノージックの議論にはその先がある．彼は，最小国家の下で，手厚い社会保障を望む人々は，集まって福祉国家的なコミュニティを形成するだろうと論じる．他方，社会保障を不要とする人々は，自由尊重的なコミュニティを形成するにちがいない．各人はみずからの価値観にもとづいて，類似の価値観をもつ人たちとともに生きてゆける．最小国家は，多様な生き方を可能にするメタ・ユートピアなのである．

ユートピア論から現実社会論へ

　ノージックの国家論は，たしかに一つのユートピア論である．実際，哲学の醍醐味を伝える優れたユートピア論だと言ってよい．しかしながら，そこでは，現実社会にいる不利な人々が捨象されており，こうした人々を考慮に入れると，シナリオは途端にうまくゆかなくなる．

　短期的失業については，自らの就業期間中に積み立てた保険料や，他の就業者が払う保険料をもとに，失業保険を受け取れるという互助的コミュニティを想像することができる．だが，長期的失業者が互助的コミュニティを作ろうとしても，失業保険の原資が枯渇して，制度を持続できないだろう．長期的失業者は，他者への重い経済的負担をもたらすから，どのコミュニティへの参加も許されないはずだ．そうなると，貧困によって生存をおびやかされても，就業者の慈悲による施しに頼る他はない．この人々は，各人がみずからの価値観にもとづいて生きられるはずのメタ・ユートピアのなかで，どこにも居場所を見

つけられないのだ.

国家は義賊と同じか?

　強い日常的リバタリアニズムによれば，税金による失業者の所得保障や，労使双方の負担による失業保険は，正義に反するけれども慈悲にはかなう. では，不正義だが慈悲深い典型的な行為には，どのようなものがあるだろうか. 義賊の行動である. 盗賊が，富裕層の屋敷に夜中に押し入って金品を強奪し，明け方には貧困層の家々に分け与えてゆくとしよう. 彼の行動は，富裕者の所有権を侵害する点で明らかに正義に反するが，貧困層に再分配する点では慈悲深いと言える.

　失業者への所得保障や失業保険は正義に反するものの慈悲にはかなうと考える場合には，これらの政策をとる国家は義賊と何ら変わらないという結論が，導かれてしまう. この結論は受け入れがたいと思うならば，あなたはじつは，強い日常的リバタリアニズムに与していない. そうなると，失業者への所得保障を含めて，市場での分配をどのように補正するべきかを考える分配的正義論の世界に，あなたは戻ってくることになる.

4　運平等主義を再構成する

運平等主義とは何か?

　分配的正義のさまざまな理論のうち，AI 失業に首尾よく応答できるように思われるのは，**運平等主義**である. この立場は，法哲学者ロナルド・ドゥウォーキンによる選択運と自然運の区別に端を発している[18]. 選択運とは，たとえば株式を買う場合のように，予測した上で引き受けるか避けるかを決められる運である. 自然運とは，隕石が当たって死ぬ場合のように，予測の上で引き受けたり避けたりできない運をさす. ドゥウォーキンは，健康的な生活を送る人が癌になった場合，自然運が悪かったことになるが，ヘビースモーカーが癌になれば，選択運が悪かったのだと示唆している.

　選択運と自然運の区別に啓発されて，政治哲学者のジェラルド・コーエンやリチャード・アーヌソンらは，選択と状況の間に境界線を引く[19]. そして，

自発的選択を一因とした不利性については，社会による救済を否定する一方で，各人がコントロールできない状況による不利性については，救済を主張する．この運平等主義は，いく人かの有力な平等主義者によって支持されてきた．

人間の主意性と脆弱性

運平等主義は，個人の自主独立を重んじるアメリカ文化の表れだと感じる人が，きっといることだろう．また，この立場は，1970年代末に台頭した，個人の自由を強調して政府の役割を限定する新自由主義や，給付に条件をつける近年の社会保障の傾向と歩調を合わせるものだと論じる研究者もいる[20]．だが，こうした文化的説明や政治的説明だけでは，運平等主義に含まれる深い人間学的洞察が見落とされてしまう．

人間という存在には，二つの側面があると思われる[21]．一方は，自発的な行為選択によって，自らの生活や人生のあり方を形成し修正してゆくという**主意性**である．他方は，生活・人生が，所与の自然環境・社会環境によって左右されるという**脆弱性**である．一面では脆弱な人も，他面では主意的でありうる．車椅子を使う億万長者は，日常生活では他人による介助を必要とするだろうが，膨大な財産を意のままに使うことができる．

制度による尊重と救援

人間がもつ主意性と脆弱性に対応して，社会制度は異なった役割を期待されている．主意性に対しては**尊重**が，脆弱性に対しては**救援**が，それぞれ求められる．憲法上の権利を例にとれば，表現の自由や移動の自由などの自由権は，尊重の制度化であるのに対して，生存権などの社会権は，救援の制度化だと言える．ドゥウォーキンは，人間の二つの側面とそれぞれに対応する制度の役割とを見抜いていた．たとえば，彼は平等を，政府が平等な配慮と尊重をもって市民をあつかうこととして定式化している[22]．

運平等主義は，社会制度の二つの機能を理論的に説明することに成功している．選択を一因とする不利性に対して社会的救済を差し控え，個人の責任に帰することは，主意性の尊重として理解できる．他方，状況による不利性を救済することは，脆弱性に応えた救援だと言える．

責任主義と平等主義

　ある不利性を社会的に救済するかどうかという問いと，救済する場合に何を目標状態とするかという問いは，別個である．運平等主義の中核的主張は，前者の問いに答える．すなわち，選択を一因とした個人の不利性をその個人の責任に帰する一方で，状況による不利性を社会的に救済するべきだとする．これは「**責任主義**」と呼ぶことができる．

　運平等主義と呼ばれる論者の多くは，後者の問いに答えて，格差がないのが目標状態だと想定している．これは**平等主義**に他ならない．平等主義とは，個人間の格差が大きいほど，その状態がもつ価値は小さくなるという立場だと言える．

　責任主義は，平等主義とだけ組み合わされるわけではない．平等主義は，特定の時点を切り出して，そこでの諸個人の保有量の分布を評価するいわば時間切断型理論の一つである．他方，過去の時点を振り返り，そこでの当人の保有量を参照する時間遡行型理論もある．そのなかでも，過去の時点での保有量を部分的に回復するいわば「**補償主義**」が，失業者への救済としては適切だろう．実際，失業保険では，有職中に受け取った給与の全額または一部の金額が支給される．

AI 失業はつねに状況からの不運か？

　AI・ロボットによる技術的失業は，選択を一因とした不運だろうか，あるいは状況にもとづく不運だろうか．失業を予期しながら就職する人はほとんどいないはずだ．そこで，失業は状況による不運だという答えが，ただちに思い浮かぶ．

　ところが，必ずしもそうとは言えない．スーパーマーケットでセルフレジを見かけるようになった街で，レジ打ちの募集に応募した人が，間もなく失業した場合には，選択からの不運だったと言う他はないだろう．それと同様に，AI 失業が日常的に話題となりつつある社会では，個々の失業が状況による不運と認められるかは，次第に不確かになってゆく．まして，本章の初めに触れた AI 対応の教育が整備され，自宅で無料または安価な受講ができるようになれば，AI 教育を受けないまま就職し失業した人は，選択による不運に遭った

と評価されやすくなる.

運平等主義は過酷か？

　AI 失業が選択からの不運だとされるケースでは，運平等主義に対する**過酷性批判**が問題となる．これは，みずからの選択によって悲惨な状況におちいった人に対して，運平等主義は冷酷にも救済を否定するという批判である．政治哲学者・経済学者のマーク・フローベイは，次のような例を挙げている[23]．向こう見ずな若者が，オートバイに乗るときに髪が風になびくのを好み，ヘルメットをかぶらなかったところ，不注意な運転によって事故を引き起こし，頭部に重傷を負った．彼は，高額な治療を受けなければ死亡するが，しかし医療保険に入っていないため，治療費を払えない．このとき，彼は治療を受けられないという結論が，運平等主義からは導かれそうである．

　過酷性批判は，運平等主義のなかの責任主義に向けられた異議である．そこで，責任主義を，平等主義でなく補償主義と組み合わせても，この批判を受けることになる．

過酷さを回避する試み

　過酷性批判に対して，運平等主義者はさまざまな応答を試みてきた．フローベイ自身は，不利な状況におちいった個人が過去の選択を後悔する場合には，救済を行うべきだと主張し，救済の制度化を提案している[24]．もっとも，後悔にもとづいて救済を受けた個人が，その後も当初と同様の選択を繰り返す場合には，フローベイの議論の訴求力は弱まるだろう．

　他の運平等主義者たちは別の方向に進む．運平等主義を支える公正の他に，効用や慈悲ないし同情など，多様な価値があるから，これらの価値にもとづく原理をうまく組み合わせることで，過酷性批判や他の異論を回避できるというのだ[25]．だが，多元主義的な運平等主義者たちは，互いに異質な原理をアドホックに組み合わせることに汲々としており，原理の組合せを首尾一貫した仕方で説明しようとしない[26]．

十分主義

　では，過酷性批判にどう応答したらよいだろうか．その手がかりは，平等主

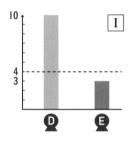
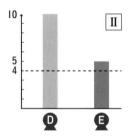

図5-2　十分主義

義とは異なる**十分主義**にある．十分主義とは，あらゆる個人が十分性の閾値までは等しくもつことを要求するが，閾値を超えた領域では再分配を行うことに反対する立場である．代表的論者として，哲学者のハリー・フランクファートやロジャー・クリスプがいる[27]．

図5-2で，D氏が10を，E氏が3をもち，閾値が4であるとき（Ⅰ），十分主義は，E氏にあと1を与えることを主張する．他方，D氏が10を，E氏は5をもつときには（Ⅱ），両者の間に5もの格差があるが，再分配は否定される．

閾値をどこに設けるか？

十分主義において，閾値はどのあたりに設定されるべきだろうか．「十分主義」という名称が示唆するように，従来かなり高い閾値が想定されていた．たとえば，フランクファートは，ある個人が十分性に達しているのは，その個人が現にもつものより多くをもつことを望まないか，あるいはそう望まないのが理に適うときだと述べる．しかし，このように高い閾値は，現実社会での予算制約の下では実現困難だろう．

むしろ，万人に保障される閾値は，その社会で品位ある（見苦しくない）生活を可能とする品位レベルに設定されるべきである．品位レベルは，健康に生きてゆけるという生存レベルよりも高い．生存レベルでは，食料，清浄な水，衣料，シェルター，基礎的医療などのニーズが満たされるが，品位レベルでは，これらに加えて，子どもの養育や初等・中等教育，余暇などのニーズも満たされなければならない．

保障主義と補償主義

　品位レベルというやや低い閾値を用いる分配理論を，高い閾値を想定する従来の十分主義から区別して，「**保障主義**」と呼ぶことにしよう．AI 大失業時代への対応として，保障主義によって下支えされた補償主義を構想することができる．品位レベルの閾値を下回る領域では，失業が個人の選択を一因とするかどうかを問わず，すべての失業者に対して所得保障が行われる．閾値を上回る領域では，責任主義と補償主義の組合せにもとづいて，選択起因の失業は本人に帰されるが，状況起因の失業に対しては，在職時の給与(の一部)が支給される．

　このように運平等主義を再構成した理論は，先に述べた人間の二つの側面や，それに対応する社会制度の二つの役割を具体化したものである．責任主義と補償主義の組合せは，選択を行った本人の主意性を尊重するとともに，脆弱性への救援ともなっている．他方，保障主義は，脆弱性がとくに顕著な人々を救援するものである．この新たな理論は，過酷性批判に対して，多元主義的な運平等主義者が提案したアドホックな回避の試みとは対照的に，人間存在の理解に根ざし，首尾一貫した応答を行うことができる．

5　正義をどのように制度化するか

生活保護制度とその問題点

　前節で構想した抽象的な分配的正義の理論を，どのような所得再分配制度へと具体化できるだろうか．多くの人々が AI 失業で収入を絶たれるとすれば，保障主義をどのように制度化するかが，とくに大きな課題となる．わが国の現行制度と二つの制度提案を取り上げよう．

　わが国の**生活保護制度**では，最低生活費に満たない世帯は，四つの条件を満たす場合に，健康で文化的な最低限度の生活を保障するための支給を受けられる．四つの条件とは，①預貯金等を生活費に充てること，②働ける人は働くこと，③年金などをまず活用すること，④親族等からの援助を可能なかぎり受けることである．

生活保護制度は保障主義を具体化しているように見えるが，じつは両者には重要な相違点がある．第1に，保障主義を含む分配的正義の諸理論では，便益を受け負担を課される単位として個人が想定されるのに対して，生活保護制度は世帯を単位とする．第2に，私が唱える保障主義は，各人の私的事情に対する詮索や干渉を控えて，親族等からの援助などを要求しないが，生活保護制度では，これらが受給の条件とされている．

　生活保護制度の運用については，不正受給の事例が耳目を集めてきた．不正受給の防止策はもちろん必要だが，それは他の支給制度でも同じである．むしろ，保障主義の観点から見て問題なのは，所得基準を下回る世帯のなかで受給世帯が占める割合である捕捉率が，20％前後ときわめて低いことである．また，受給資格を判定するための大きな行政費用や，自治体による捕捉率のばらつきも指摘されてきた．これらの問題点の背後には，条件付所得保障という生活保護制度の基本的性格がある．

負の所得税

　生活保護制度の問題点を解決できる無条件所得保障としては，二つの制度案がよく知られている．まず，基準未満の所得の世帯に対してマイナスの課税つまり現金支給を行う**負の所得税**がある．たとえば，基準が300万円だとすると，200万円の世帯は100万円を受け取る．この制度案は，新自由主義に立つ経済学者ミルトン・フリードマンが提唱したことにより広く知られるようになった[28]．新自由主義者はしばしば，負の所得税の新設と引き換えに，現行の社会保障制度を廃止するよう主張するが，むしろ負の所得税を既存の社会保障制度に追加することも可能である．ブリニョルフソンとマカフィーは，AI失業への対策として負の所得税を支持している．

　負の所得税では，各世帯の所得だけにもとづいて支給が行われるから，低所得者は確実に受給できる．また，受給資格の判定のための行政費用や，自治体による捕捉率のばらつきも生じない．AI失業が増加してゆけば，高齢化社会などの要因と相まって，受給申請が大幅に増加してゆくと予想される．そこで，受給資格判定の行政費用が不要であることの意義は，いっそう大きくなる．プラスとマイナスの所得税を分ける基準額が，品位レベルに適切に設定されるならば，負の所得税は，保障主義を制度化する一つの途となる．

ベーシック・インカム

　近年に論者の間で支持が広がっているのは，**ベーシック・インカム**である．この制度では，すべての個人が所得を問わず一定額を受給する．そのため，政府の国民に対する支給額が，負の所得税よりもはるかに大きくなる一方，それをまかなうのに必要な課税額もより大きくなる．受給資格の判断費用や捕捉率のばらつきは，負の所得税と同様に生じない．

　政治哲学者フィリップ・ヴァン・パレースは，政府の干渉を受けないという形式的自由を超えて，みずからが望むことを行うという実質的自由を万人に保障するものとして，ベーシック・インカムを提案する[29]．経済学者ガイ・スタンディングは，さまざまな正当化論と批判を包括的に紹介しつつ，多角的な擁護論を提示している[30]．さらに，この制度をとなえるジャーナリストのラトガー・ブレグマンは，これが AI 失業への対策となると論じている[31]．わが国でも最近，AI 時代への対応としてこの制度を支持する論者が，急速に増えているようである．ベーシック・インカムによる品位レベル未満の低所得者への支給は，保障主義の具体策だと言える半面，品位レベル以上の人々への支給は，保障主義ではなく上記のような別の観点から支持されるだろう．

どちらの制度がよりよいか？

　では，負の所得税とベーシック・インカムのいずれがより望ましいのだろうか．二つの制度に立ち入った比較検討を加えることは本章の目的を超えるが，ここでは，従来あまり指摘されていなかった点に触れておきたい．

　わが国での制度選択を考える際には，就業形態の違いによる課税所得の捕捉率の格差を考慮に入れる必要があるだろう．かつては，「クロヨン」（捕捉率が，給与所得者で90％，自営業者で60％，農家で40％），あるいは「トーゴーサン」（給与所得者で100％，自営業者で50％，農家で30％）とさえ言われた．捕捉率の格差は近年には縮小しているが，なお解消されていない．負の所得税が導入されるならば，捕捉率の格差は受給格差に直結するから，現行の課税制度で見られる不公正がいっそう増幅されることになる．他方，ベーシック・インカムを採用すれば，捕捉率の格差は納税格差をもたらすものの，受給格差をもたらさない．この点で，ベーシック・インカムは負の所得税よりも公正である．

労働意欲を弱めるか？

　生活保護制度に対しては，貧困層の労働意欲を失わせるという批判が，しばしば行われてきた．同種の批判は，負の所得税やベーシック・インカムに対しても出されている．これらの批判の背後には，貧困層は怠惰で労働しないから貧困なのだという想定がある．イギリスの歴史上の救貧制度では，貧困な子どもたちは，わずかな食べ物と引き換えに長時間労働に従事させられた．20世紀半ばのアメリカでは，アフリカ系アメリカ人の労働意欲の弱さが，単親世帯の多さと並んで，貧困のおもな原因だとみなされていた．

　しかしながら，生活保護制度で，労働収入の全額分を支給額から控除するのでなく，その一定割合だけを控除するような制度改革を行えば，労働意欲は失われない．現行の控除制度は不十分だが，その改革は可能である．たしかに，ベーシック・インカムは労働へのインセンティヴを与えない．だが，これが実験的に導入された諸事例では，労働時間の短縮はわずかだったという報告が少なくない．より重要なことに，大規模なAI失業が現実となるならば，多くの人が長い時間を労働に費やす必要はなくなり，労働意欲の減退の議論は説得力を失う．

巨額の財政負担？

　ベーシック・インカムに対しては，政府の財政負担が莫大になるという批判もある．だが，ここで三つの点に留意したい．第1に，AI・ロボットが普及して，生産が大きく効率化されるならば，大きな経済成長を実現できるかもしれない．これが実現するならば，政府の税収は大幅に改善するだろう．第2に，GAFA（グーグル，アップル，フェイスブック，アマゾン）に代表される巨大IT企業に対するデジタル課税が新設されれば，所得保障の一財源となりうる．実際，OECDとG20が進めるBEPS（税源浸食と利益移転）への対策として，デジタル課税の国際的合意形成の努力が続いている．第3に，AIが普及してゆくと，多くの財の生産費用は低下し，とくに情報財の限界生産費用はゼロに近づくだろう．給付金以外に収入がない人たちは，おもに安価な商品を消費するはずだから，品位レベルの生活費はかなり低下してゆくと予想される．

　それだけではない．わが国の生活保護制度を含めて各国の条件付所得保障で

は，事細かに家計を調査するミーンズ・テストや失業者の義務的な職業訓練などに，多額の予算がつぎ込まれている．生活保護制度に代えて負の所得税またはベーシック・インカムを採用すれば，そうした予算はすべて不要となる．しかも，ベーシック・インカムの実験的導入の諸事例では，受給者が自発的に職を探したり，新しい小規模なビジネスを始めたりする多くの例が報告されている．これらは，政府によるさまざまな社会保障のための歳出を将来にわたって減少させるだろう．そのため，無条件所得保障は，長期的には政府の歳出削減を可能にすると期待されている．

6　正義と利益

フォード対ウォルター

アメリカでよく知られたエピソードがある．1950 年代前半，ヘンリー・フォード 2 世が，全米自動車労働組合の委員長ウォルター・ロイターに，新しく自動化された自社工場を案内していたときのことだ．フォードは，「ウォルター，ここのロボットからどうやって組合費を取り立てるつもりだい」とからかった．ロイターはこうやり返した．「ヘンリー，ここのロボットにどうやって君の会社の車を買わせるつもりだい」．

ロイターの皮肉は，今日の AI・ロボットにも当てはまる．AI・ロボットは，人間が行ってきた多様な知的・身体的作業をすでに行うことができ，将来にはますます多くの作業を行えるだろうが，それでも決して行えないことが一つある．消費である．食事をとったり，買い物をしたり，旅行に出かけたりできない．コンピュータやロボットは，電気で作動し保守点検を必要とするが，しかし消費を行えるのは，人間だけである．

消費による社会への貢献

フォード 2 世の父親ヘンリー・フォードは，消費こそが自社に利潤をもたらすことをよく理解していた．そのため，彼は，工場労働者の大幅な賃上げを決定するとともに，労働時間を短縮し，後には週休 2 日制を導入した．収入が増えると同時に，より多くの余暇をえた労働者たちは，やがてフォード社の自家

用車を購入し，会社の躍進に一役買ったのである．

　多くの人が AI 失業で収入源を失い，消費が大きく減少すれば，市場経済は衰退してゆく．これは，市場経済の下で生きるわれわれ全員にとって甚大な損失である．だが，失業者や無職者が，一定以上の可処分所得を保障されるならば，品位レベルでの消費を続けられるから，市場の発展に貢献できる．しかも，AI の発展は労働時間の短縮を可能にし，消費のための時間的・心理的余裕をもたらすだろう．ロールズは，諸個人がみな労働を通じて，互いに貢献しあうと想定していたが，現実の社会では，人々は労働の有無を問わず，消費を通じて互いに貢献しあえる．

分配的正義と社会的利益の一致へ

　本章の初めに触れたように，長期的で大規模な AI 失業を予想する論者は，英語圏では「悲観派」と呼ばれる．だが，この呼び名は誤解を招くものだと，私は考えている．ケインズがつとに洞察した通り，AI・ロボットを含む新技術の進歩が，経済成長を力強く推し進め，生活を豊かにする．そのプロセスで生じる技術的失業は避けがたい代償だが，しかし充分な所得再分配を行うならば，所得の二極化を避けることができる．われわれは，AI 大失業時代が到来する可能性を認めた上で，それが所得の二極化を招くのを防ぐ自分たちの潜在力について，楽観的であるべきなのだ．

　ジャン＝ジャック・ルソーはかつて，正義と効用が分離せず，権利が求めるものと利益が求めるものが一致するような理論をめざした．AI 時代の入り口に立つわれわれは，品位ある生活の保障および選択結果の本人への帰責という分配的正義の要請と，新たな経済成長や豊かな暮らしという社会的利益の要請とが一致する社会のあり方を探求しなければならない．

参考文献

タイラー・コーエン(池村千秋訳)『大格差——機械の知能は仕事と所得をどう変えるか』NTT 出版，2014 年．

マーティン・フォード(秋山勝訳)『テクノロジーが雇用の 75% を奪う』朝日新聞出版，2015 年．

——(松本剛史訳)『ロボットの脅威——人の仕事がなくなる日』日本経済新聞出版社，2015 年．

エリック・ブリニョルフソン&アンドリュー・マカフィー(村井章子訳)『機械との競争』日経 BP 社, 2013 年.

——(村井章子訳)『ザ・セカンド・マシン・エイジ』日経 BP 社, 2015 年.

※本章の草稿を本書の執筆者会議(京都, 2019 年)で報告した他, その内容の一部を世界政治学会の第 25 回政治学世界大会(ブリスベン, 2018 年)と国際会議「デジタル化とビジネス倫理」(ミュンヘン, 2018 年)で発表した. これらの機会に示唆に富む多数の質問・コメントを寄せて下さった参加者の方々に厚くお礼を申し上げたい.

(1) J. M. ケインズ(山岡洋一訳)『ケインズ説得論集』日本経済新聞出版社, 2010 年, 210–211 頁.

(2) E. g., Nigel M. de S. Cameron, *Will Robots Take Your Job?* Polity Press, 2017.

(3) David H. Autor, "Why Are There Still So Many Jobs? The History and Future of Workplace Automation," *Journal of Economic Perspectives,* Vol. 29, No. 3 (2015), pp. 3–30.

(4) わが国の経済学者はおおむね, AI 大失業の予想に対して否定的または懐疑的だが, AI 時代に備えた政策の必要性は認めている. たとえば, 岩本晃一・波多野文「人工知能等が雇用に与える影響と社会政策」馬奈木俊介編『人工知能の経済学——暮らし・働き方・社会はどう変わるのか』ミネルヴァ書房, 2018 年, 19–45 頁. 例外的に, 2030 年に汎用 AI が現れて普及してゆけば, 2045 年には有職者は全人口の約 1 割になるという大胆な予想が目を引く. 井上智洋『人工知能と経済の未来』文藝春秋, 2016 年, 166–168 頁.

(5) Carl Benedikt Frey and Michael A. Osborne, "The Future of Employment: How Susceptible Are Jobs to Computerisation?" *Technological Forecasting and Social Change,* Vol. 114 (2017), pp. 254–280.

(6) フライらの分析方法の紹介・検討としては, 山本勲「労働——技術失業の可能性」山本勲編『人工知能と経済』勁草書房, 2019 年, 60–62, 64–70 頁.

(7) Benjamin David, "Computer Technology and Probable Job Destructions in Japan: An Evaluation," *Journal of the Japanese and International Economies,* Vol. 43 (2017), pp. 77–87.

(8) Citi Research and Oxford Martin School, "Technology at Work v 2.0: The Future Is Not What It Used to Be," Citi GPS Report (2016). https://www.oxfordmartin. ox. ac. uk/downloads/reports/Citi_GPS_Technology_Work_2. pdf

(9) Arntz, M., T. Gregory, and U. Zierahn, "The Risk of Automation for Jobs in OECD Countries: A Comparative Analysis," *OECD Social, Employment and Migration Working Papers,* No. 189 (2016). https://doi. org/10. 1787/5jlz9h56dvq7–en

(10) レイ・カーツワイル(井上健監訳)『ポスト・ヒューマン誕生——コンピュータが

人類の知性を超えるとき』NHK 出版，2007 年.

(11) デイヴィッド・ヒューム以来，分配的正義の前提として分配対象物の稀少性が挙げられてきた．だが，AI・ロボットが普及して労働者に代替してゆくと，供給が爆発的に増加し，財の稀少性がもはや成立しなくなるかもしれない．そうだとすれば，AI・ロボット時代には，そもそも分配的正義を問う意味がなくなるのではないか．大屋雄裕氏はこの論点に私の注意を促してくれた．たしかに多くの情報財については，限界生産費用がほぼゼロとなって，供給が劇的に増加しうる．しかし，物質財については，原材料の稀少性が厳然と存続するため，供給が需要を恒常的に上回って稀少性が消失するという事態はほぼ生じないと，私は予想している．また，所得再分配の媒体となる貨幣に関しても，稀少性を保つマクロ経済政策が維持されるはずである．したがって，AI・ロボット時代にも，分配的正義を問い続ける必要があると考える．

(12) ジョン・ロールズ（川本隆史・福間聡・神島裕子訳）『正義論［改訂版］』紀伊國屋書店，2010 年，第 4 節.

(13) ロールズ，同書，第 13 節.

(14) このような疑念に対して応答する必要性に私の注意を向けてくれたのは，松尾陽氏である.

(15) L. マーフィー＆T. ネーゲル（伊藤恭彦訳）『税と正義』名古屋大学出版会，2006 年，15 頁. マーフィーらは，私的所有が法的慣習であり，その慣習は部分的には租税によって確定される以上，日常的リバタリアニズムの思考は順序が逆転していると批判している.

(16) ロバート・ノージック（嶋津格訳）『アナーキー・国家・ユートピア――国家の正当性とその限界』木鐸社，1992 年，284，289-290 頁.

(17) ジョン・ロック（加藤節訳）『統治二論』岩波書店，2007 年，第 5 章.

(18) ロナルド・ドゥウォーキン（小林公・大江洋・高橋秀治・高橋文彦訳）『平等とは何か』木鐸社，2002 年，105 頁.

(19) E. g., G. A. Cohen, "On the Currency of Egalitarian Justice," *Ethics*, Vol. 99, No. 4 (1989), pp. 906-944; Richard J. Arneson, "Equality and Equal Opportunity for Welfare," *Philosophical Studies,* Vol. 56, No. 1 (1989), pp. 77-93.

(20) 包括的かつ詳細な議論として，ヤシャ・モンク（那須耕介・栗村亜寿香訳）『自己責任の時代――その先に構想する，支えあう福祉国家』みすず書房，2019 年.

(21) 宇佐美誠「グローバルな生存権論」宇佐美誠編『グローバルな正義』勁草書房，2014 年，7-8 頁，Makoto Usami, "Justice after Catastrophe: Responsibility and Security," *Ritsumeikan Studies in Language and Culture*, Vol. 26, No. 4 (2015), pp. 222-223.

(22) ロナルド・ドゥウォーキン（小林公訳）『権利論 II』木鐸社，2001 年，65-66 頁. 同（木下毅・小林公・野坂泰司訳）『権利論』増補版，木鐸社，2003 年，238 頁も参照.

(23) Marc Fleurbaey, "Equal Opportunity or Equal Social Outcome," *Economics and Philosophy*, Vol. 11 (1995), p. 40. エリザベス・アンダーソン（森悠一郎訳）「平

等の要点とは何か」（抄訳）広瀬巌編・監訳『平等主義基本論文集』勁草書房，2018 年，65-129 頁も参照.

（24）　Marc Fleurbaey, "Freedom with Forgiveness," *Politics, Philosophy and Economics,* Vol. 4, No. 1 (2005), pp. 29-67.

（25）　E. g., Carl Knight, *Luck Egalitarianism: Equality, Responsibility, and Justice,* Edinburgh University Press, 2009, pp. 197-226; Shlomi Segall, *Health, Luck, and Justice,* Princeton University Press, 2009, pp. 58-73.

（26）　Usami, "Justice after Catastrophe," pp. 219-221.

（27）　ハリー・G. フランクファート（山形浩生訳）「道徳的理想としての経済的平等」『不平等論——格差は悪なのか？』筑摩書房，2016 年，11-63 頁；ロジャー・クリスプ（保田幸子訳）「平等・優先性・同情」広瀬編・監訳『平等主義基本論文集』207-238 頁.

（28）　ミルトン・フリードマン（村井章子訳）『資本主義と自由』日経 BP 社，2008 年，347-352 頁.

（29）　フィリップ・ヴァン・パリース（後藤玲子・齊藤拓訳）『ベーシック・インカムの哲学——すべての人にリアルな自由を』勁草書房，2009 年. 山森亮『ベーシック・インカム入門』光文社，2009 年も参照.

（30）　ガイ・スタンディング（池村千秋訳）『ベーシックインカムへの道——正義・自由・安全の社会インフラを実現させるには』プレジデント社，2018 年.

（31）　ラトガー・ブレグマン（野中香方子訳）『隷属なき道——AI との競争に勝つベーシックインカムと一日三時間労働』文藝春秋，2017 年. 井上智洋『AI 時代の新・ベーシックインカム論』光文社，2018 年も参照.

ポスト・ヒューマニズム における刑事責任

06

稲谷龍彦

I ポスト・ヒューマニズムと法の現在

　ミシェル・フーコーが〈人間の死(1)〉について論じてから 50 年以上経った現代社会において，歴史性や場所性を超越した，世界を構成する普遍的単位としての**人間**という概念は，確かにその役割を終えつつある．フーコーによる問題提起と前後して現在に至るまでに生じた様々な事象，なかでもフェミニズムやポスト植民地主義研究の進展，さらにはグローバル化の浸透や情報技術の急速な発展は，われわれが無邪気に，若い白人男性として理想化された**人間**の概念を用いることを，もはや許さなくなりつつある(2)．

　しかし，法は，こうした現実世界の流れに抗うように，普遍的かつ基本的な人権に基づく世界の構成を諦めようとしていない．**人間**の概念そのものの崩壊を加速させている情報技術や人工知能の急速な発展に対し，あえて〈**人間中心主義**〉を掲げ，法の支配や基本的人権の普遍的価値を維持・再興しようとする昨今の試み(3)を，一体どのように理解すれば良いのだろうか．このような状況下で，ポスト・ヒューマニズムにおける法の姿を論じること，それも最も保守的にも思われる刑事法を論じることは，無謀な挑戦に思われるかもしれない．私も少しばかりそう思う．しかし，事は意外と深刻かつ急を要するのだ．

2 人と機械との協調動作と法的責任

人／機械の境界の曖昧化

　情報技術，特にAI技術とロボティクス技術の発展は，人と機械との〈協調動作〉を，われわれのありふれた日常に組み込みつつある．もちろん，人と機械との〈相互作用〉自体は，古代からずっと存在する営みであり，こうした相互作用がわれわれの存在態様に大きな影響を及ぼしてきたこともまた，周知の事実である[(4)]．しかし，近年の技術的発展は，〈相互作用〉というよりも，〈協調動作〉と呼ぶ方が適切な状況を日常的なものにしつつある．そこでは，搭載されたAIのおかげで，状況に応じて自ら振舞い始めた機械たちと人との協働が生じているのだ．われわれの日常においては，人と機械の境界が徐々に曖昧なものになり，結果的に意思決定や行為の**主体**を特定することも困難になりつつある．

　例えば，使用者の個人情報の蓄積を通じてその好みを把握し，使用者の要求により適切に応答するよう，自らを変化させていくAIスピーカーを考えてみよう．このAIスピーカーは，使用者に特定の傾向性に基づいて選別された選択肢を提示することで，使用者の意思決定を導いていないだろうか．つまり，使用者の指示に単に従う〈道具〉（**客体**）としての域を超え始めていないだろうか．同様に，AIが搭載された高度な手術支援ロボットが登場し，医師の手を導くことで，医師自身で行うよりも高精度の手術を可能にし始めたとき，そのロボットは医師の指示に単に従う〈道具〉ではなくなりつつあるのではないか．人間とAIを搭載した機械とが協調動作するとき，そこで意思決定し，行為している**主体**は誰なのだろうか．

意思決定・行為主体としての人間の限界

　「もちろん**人間**だ！」なお，断固そう主張したくなるかもしれない．というよりも，万物の支配者としての地位と結び付けられてきた**人間**という概念を用いる以上，それは，必然的な答えだろう．「近頃**人間**はスマートフォンに支配されている」と自虐的に皮肉をいうとき，われわれは自身が**人間**であるために

は，われわれの意思決定や行為が，機械のような**事物**に左右されてはならないと信じている．

　残念なことに，このような信念を覆しかねない事実は次々と明らかになっている．われわれが，どのように意思決定を行い，また行為しているかという問題は，想像以上に厄介な問題であることが明らかになりつつあるからだ．

　昨今の研究によれば，意思決定に関わる情報処理の多くは，無意識になされている(5)．驚くべきことに，われわれの意思決定の前提となる世界の解釈作用，つまり意味の付与の多くも，無意識によって担われているのである．外的環境と相互作用する中で収集された統計的なデータに基づいて，パターン化された情報処理を行う広大な無意識領域があってこそ，われわれの有意義な意思決定は可能になる．われわれの意識的な意思決定は，常に過去の外的環境との相互作用の延長線上に位置づけられ，新たな外的環境との関係性の構築に向けて行われるのである．

　さらに，他の研究によると，われわれは，外的環境に生じる事象についてわれわれの行動が及ぼす影響に関する予期についての脳神経活動と，実際に観察された事象についての事後的な推論に関する脳神経活動とを関係させることで，**主体**としての感覚を得ているという(6)．例えば，私が今，パソコンで(遅々として進まない)この原稿を打つこの指の動きを，私の指の動きだと認識できるのは，私が指を動かす前に行われる，指を動かすことによって外的環境に生じる変化についての予期に関する神経活動と，私が指を動かした後に，私の指先の神経や鼓膜，網膜などに入力される外的環境の変化に関する情報に関する神経活動とが，脳内で関係づけられているからなのである．われわれが**主体**として，つまり行為の支配者として存在できるのは，われわれ自身の**主体**としての感覚が外的環境との相互作用を通じて構築されているからなのである．

　これらのことが明らかとするのは，外的環境から文字通りに独立して意思決定し，また行為することのできる**主体**としての**人間**は，存在しないということである．むしろ意思決定や行為の**主体**は，外的環境との相互作用の場として立ち現れるのである．

自由の再定義

　このように書くと，人には意思決定や行為に関する**自由**の余地がないのだと

思われるかもしれない．つまり，人とAIを搭載した機械とが協調動作しているとき，人の意思決定や行為は機械側に操作・支配されているというのである．

　しかし，環境に働きかけることのできない人など存在しないだろう．われわれは肉体を持った存在であるがゆえに，環境に対して不可避的に影響を与える．例えば，農業は，肉体を持ったわれわれが，肉体的欲求のゆえに環境に働きかけることによって存在する．そしてそうした営みは，時に，環境との相互作用で存在するわれわれ自身が既存の状態であり続けることを危うくする．

　人と環境との相互作用によって，人の側が作られているのだとしたら，それは環境の側もそうなのである．〈人新世(7)〉という言葉が明らかにしてくれるように，環境は明らかにわれわれの影響を受けて構築されている．したがって，人がその外的環境から完全に独立することもありえないように，それに完全に従属することもまたありえないのである．

　外的環境から独立し，**事物を統べる人間**という概念から解放されることで，われわれはむしろよりラディカルに**自由**を考えることができるようになる．外的環境への働きかけを反省的・実験的に行うことによって，われわれは今やどのような事象をどの程度までわれわれのものとしたいのか，また，するべきなのかという問いを持つことができる．われわれは，人とその構成に関わる外的環境をデザインすることができる立場にいるのだ．これは，外的環境との相互作用を通じて意思決定し，**主体化**してきたにもかかわらず，それらを直視してこなかった過去に比べ，はるかに大きな**自由**を——と同時におそらくは大きな不確定性に伴う危険も——手にしていることを意味している．

主体でも客体でもない存在と(刑事)法

　したがって，人は**主体**でも**客体**でもない．むしろ，この世界に存在するものは全て，われわれが**主体・客体**と位置付けようとしてきたものの相互作用によって生じるハイブリッドなのである(8)．そして，AIを搭載した機械が日常に定着することにより，この現象は一層明瞭になるだろう．しかし，ここに至って，解答困難な法的問題の所在もにわかに明瞭になってくる．それは，刑事法が責任の主体として考えてきた**人間**の不在に起因する問題である．具体的には，人とAIを搭載している機械が協調動作している際に何らかの事故が生じた場合，誰が法的責任を問われるのかという問題である．

例えば，AI を搭載した高度な手術支援ロボットを用いた手術中に事故が生じ，患者が死んでしまった場合を考えてみよう．「手元が狂った」という医師の供述があれば，医師の責任を追及すれば良いのだろうか．反対に，「ロボットが意外な動きをした」と医師が述べた場合には，ロボットの製造会社に責任を負わせるべきなのだろうか．意思決定や行為の**主体**そのものが構築される状況で，医師の感覚はどのように位置づけられるのだろうか．刑事責任を負うべき意思決定，行為の**主体**はどこにいるのだろうか．あるいは，このような場面において刑事責任を追及することは，そもそも適切なのだろうか．

　もし，**主体**と**客体**を完全に分離しておくことができて，医師を**主体**として措定できるならば，あるいはロボットを操作される**客体**と措定できるならば，話はもっと単純だ．前者であれば，医師に法的責任を追及し，後者であればロボット製造会社（法人処罰のない世界なら製作者か責任者）に法的責任を追及すればよいのだ．従来の刑事法は，近代を基礎付ける心身二元論と主客二分論というアイデアに立脚し，**主体**の自由意志に基づく行為に対して刑事制裁を科すことで，望ましくない行為を抑止して，社会秩序を維持するないし法益を保護する，という構図を採用してきた[9]．そのため，対象が自由意志に基づいて客体に働きかけることができる**主体**であるか，あるいは**主体**の自由意志の影響下に置かれる**客体**であるかが，責任の所在を決定するにあたって，決定的に重要だったのだ．しかし今や，そのような区別は，**人間**と共に消滅しつつある．実に厄介な状況になった．

刑事法のあり方を再考してみる

　ただ，それはあながち悪いことではないかもしれない．**人間**の存在を所与の前提としてきた従来の刑事法には，あるべき**主体**と**客体**の線引きを確保するべく，**人間**という概念を基準に，あらゆる存在を多少強引にでもどちらかに押し込む——規律・訓練によって〈他者〉を〈標準化[10]〉して**人間**にする——という，悪名高い役割も担わされてきたからである．しかし，幸か不幸か，従来の方法論をこれから先も維持する必要はなさそうである．

　というのも，既に見たように，AI に代表される先端技術の発展によって，**人間**の存在を所与の前提とすることは，日々困難になっているからである．今日のイノヴェーションがもたらす環境変化の速さを前提にすると，ある時点で

の技術的・環境的状況を前提とする**人間**の存在を暗黙に正当化するような形で法を用いることは，もはや現実的ではない．

　その一方，現時点でのイノヴェーションの出所が，特定のグローバル企業が牛耳る[(11)]市場原理によって定まっていることからすると，一部の貪欲な人々の経済的関心によって**人間**が構成されていく成り行きをただ見守ることも，もしわれわれが**自由**を愛するならば，利口ではない．人の環境への依存性と人の活動による環境の構築性とを共に明瞭にする〈人新世〉の訪れによって，われわれは〈自生秩序〉を理想的な社会状態として日和見的に肯定することもできなくなったのである．

　従来の刑事法を新たな状況に適用した結果を考えてみると，これを維持する必要性がないことは，一層明瞭になる．仮に，AI を搭載した機器に導かれた人の意思決定や行為に刑事制裁を科したとしても，そこには刑事制裁が働きかけようとした自由意志がない――**人間**の消失――以上，それは無意味である．せいぜい，ある時点での技術的・環境的状況を前提とする〈標準的〉な行為を求めるのが精一杯であろう．一方，そのような AI を搭載した機器を製造する側に刑事制裁を科すとすると，ある時点で〈標準的〉とされる技術以外を用いることに萎縮が生じて，イノヴェーションが生じなくなり，結果的に特定の〈標準的〉な技術のみが保護されることになる．しかし，日和見的な〈標準〉の追認は，貪欲なグローバル企業の経済的関心に基づいて**人間**が構築されることを肯定することに他ならない．**人間**の構築過程に踏み込まない従来の刑事法を用い続けることには，人の**自由**の余地が少ない，薄ら寒い未来を招く危険が伴っているというべきだろう．

　人間の存在を所与の前提としてきた既存の刑事法理論の限界が露呈しつつある今日，われわれには新しい理論が必要なのである．しかも，おそらく早急に．問題は，そのためには法学者が日頃慣れ親しんできた**人間**を所与の前提とする思考法を捨てなければならないということだ．それは，義務論に基づく応報や功利主義的計算に基づく制裁の設定という，刑事法理論が慣れ親しんできた前提そのものを，したがって刑罰の必要性や正当化根拠そのものを再考しなければならないことも意味することになる．なぜなら，主客二分を当然の前提としてそのどちらかの極に光を当てる義務論や帰結主義の背後には，常に基本単位としての**人間**が潜んでいるからだ[(12)]．つまり，**人間**をどのように構築するべ

きかという問題を解決することなく，義務論や帰結主義へと進んでいくことはできないのである．**人間**を所与の前提とせず，人とその構成に関わる外的環境のありようとを，反省的にデザインしていくことのできる法理論が，今自由で開かれた世界のために求められているのだ．

3　ポスト・ヒューマニズムにおける倫理と法

ポスト・ヒューマニズムとは何か

　人間を世界の所与の構成単位とすることに異議を申し立てる主張を，本章ではポスト・ヒューマニズムと呼ぶことにする．これまで数限りない「ポスト○○」が登場しては消費され，特に何もなすことなく消えていったようにも思われることから，ポスト・ヒューマニズムもそうした一過性の流行に過ぎないのではないかと疑問が呈されるかもしれない．確かに，筆者も〈ポスト○○〉という言葉に胡散臭い響きが伴うことを否定しない．しかし，少なくとも現在直面している，**人間**概念を所与の前提とすることが難しい状況においては，ポスト・ヒューマニズムの果たしうる役割は小さくない．それは，ポスト・ヒューマニズムが，所与の**人間像**に対して異議申立てを行い，実際にわれわれの世界の新たなありようを切り開いてきた多くの思潮——〈**人間の死**〉，フェミニズム，ポスト植民地主義など——の合流点として位置付けることとも関係している．ポスト・ヒューマニズムは，**人間**を世界の構成単位としてきた〈**人間中心主義**〉を批判し，新たな世界を切り開いてきたこれまでの知的営為の成果を，批判的に統合・活用しようという知的企てなのである．そして，この知的企ては，AI の発展によって**人間**を失い，機能不全に陥りつつある法を再考する上では，相応のポテンシャルとリアリティとを備えているのだ．

ポスト・ヒューマニズムと従来の倫理

　ポスト・ヒューマニズムにおける法を構想するにあたって直面することになる難問は，法規範の基礎理論たる倫理学が，多くの場合何らかの形で**人間**の存在を所与の前提としていることである．

　従来の法学が依拠してきた二つの大きな倫理的基盤，義務論と帰結主義をそ

れぞれ例にあげて，この点を考察してみよう．

　まず，義務論の方から見てみよう．その典型的な形態は，**人間**にはその**本質**に即して普遍的に遵守すべき義務が存在すると措定して，その意思に基づく行為を評価する(13)というものである．この立場がポスト・ヒューマニズムとの関係で問題なのは，**人間**に**本質**——動かしがたい正しいありよう——が存在すると考える点である．動かしがたい**人間**という概念の存在を否定するポスト・ヒューマニズムにおいて，もはや，この立場が指導理念たり得ることはありえない．

　一方，帰結主義においても問題は同様かもしれない．帰結主義の典型的な形態は，**人間**の行為の結果の望ましさを測定できることを前提に，**人間**の行為を評価する(14)というものである．ただ，この場合にも，外部たる客体と切り離された存在態様を**人間**の**本質**として措定し，その行為の結果を評価するための客観的尺度の構築が目指されることによって，結果的に義務論と同様の隘路に立たされることになる(15)．

　このような指摘に対して，例えば〈科学〉のような〈客観的〉手法により，**人間**の**本質**を定めることは可能であるという反論がありうるかもしれない．しかし，これに対しては，科学における〈客観性〉の獲得過程が，一種の戦争のメタファーによって説明されうるものであることを看過しているという再反論が可能であろう．すなわち，科学実践に関する人類学的研究によれば，科学的真理は，その内容的正しさのゆえに自動的に拡散していくのではない．むしろ特定の主張と事物との結びつきの強さをめぐって，実験室を拠点とする対立陣営が，様々な資源を投下し合い，それ以上反論が生じない状態を作り上げることによって獲得・維持されているのである(16)．例えば，発酵が酵母によるものなのか，生物の特質によるものなのかという著名な論争も，実験室を通じて作り出された，「発酵は酵母によって生じる」という主張と「酵母」との結びつきの確かさが，反論不能なほど固くなることで決着したわけである．つまり，科学の真理も，客体から切り離された主体の正しい認識作用を待つ，超越的存在として客観性を獲得しているのではなく，人と事物との特定の結びつき方をめぐる日々の実践や争いを経て強固に構築されているのである．したがって，仮に科学が**人間**についての真理を示したとしても，それはむしろ，人と事物の特定の結びつき方の，ある時点での強さを示すに過ぎない．つまり，科学実践は**人間**の

本質の存在ではなく，むしろ，それが日々構築されているというポスト・ヒューマニズム的な状況の存在を明らかにするのである．

ポスト・ヒューマニズムと徳倫理学

　人間概念自体を批判的検討の対象とするポスト・ヒューマニズムにとって必要なのは，**人間**の動かしがたい**本質**を措定する立場ではなく，むしろ開かれた**人間**観を可能にする倫理であろう．そのような立場としては，発達主義的な**徳倫理学**[17]を考えることができるように思われる．**徳倫理学**においては，義務論や帰結主義とは異なり，個別の行為が規範的評価の直接の対象となるわけではない．**徳倫理学**が規範的評価の対象とするのは，性格や傾向性といった，人の存在態様そのものなのである．もちろん，**人間**に備わるべき普遍的・静態的徳目の存在を措定すれば，そうした**徳倫理学**もまた，ポスト・ヒューマニズムと相容れない．しかし，近時の**徳倫理学**における主張は，人が身につけるべき徳のありようを反省的にとらえ，それを発達させることの重要性に着目している．このような立場は，開かれた**人間**観を必要とするポスト・ヒューマニズムにおける倫理を考える重要な手がかりとなるだろう．

　徳倫理学のこのような特徴に鑑みると，〈人間の死〉を提唱し，主体概念の相対性を強調してきたフーコーのような思想家が，**徳倫理学**に着目することも，そして，人と技術との複合的状況に即した倫理学を提唱しようという気鋭の哲学者ピーター＝ポール・フェルベークが，フーコーの倫理学に着目することも，至極もっともなことであるように思われる．というのも，そこでは，普遍的で静態的な**人間**の理想的存在態様が措定され，それに介入しようとする権力や技術にどのように抵抗するかではなく，人が権力や技術との相互構成的な関係の中でしか存在し得ないことを前提に，それらと共にどのように生きたいのかこそが重要な問題とされているからである．

　フーコーによれば，われわれは**真理＝権力関係＝主体**の相互構成的な関係性の中で生きる存在であり，**主体**の存在態様を規定する真理や権力関係の存在しない世界では，そもそも他性を帯びた自己に内的な秩序を組み込むことで成立する**主体**自体も観念できない[18]．**人間**という概念も，その自由・自律・本質も，歴史的・偶然的なものであり[19]，環境から完全に独立した**主体**も存在しえないのである．そのため，そこでの倫理は，特定の主体の存在態様を前提と

する義務論や帰結主義ではありえない．むしろ，〈生存の美学[20]〉にしたがって，出来事による介入に耐えながら，自らをより良い存在へと練り上げていく過程こそが重要な意味を持つことになるのである．しかし，同時にこのような自己の練り上げは，**主体**が真理や権力関係との相互構成的な関係の中で存在している以上，新たな真理の創造[21]や，他者への働きかけ[22]とも無関係ではありえない．つまり，自己の練り上げは，真理の創造や他者への影響と密接に関係しながら，社会全体を動態的に展開していくのである．そして，この動態性こそが，フーコーにおける〈自由〉や〈自律〉の働く場であると考えられる．それゆえ，普遍的な〈真理〉と静態的な権力関係によって**主体**の存在態様が固定され，自己の練り上げを行う余地が失われることこそ——権力関係ではなく〈支配〉——が，深刻な倫理的問題となるのである[23]．

　フーコーの倫理学に影響を受けたフェルベークは，フーコーのいう権力に技術が含まれうることを指摘して，ポスト・ヒューマニズムにおける倫理の姿をより明瞭にしている．そこでは，人の存在態様が技術によっても影響を受けることを前提に，一人一人が**良き生**を生きるために，〈技術の道徳化〉——人の存在態様への影響力を踏まえた技術設計——の必要性が主張されている[24]．現象学の思考法を出発点としたことにより，フェルベークの議論には，**人間**中心主義的なニュアンスが残されているという指摘もある[25]．しかし，練り上げられた技術設計を通じて人の存在態様を〈デザイン〉することが倫理的に要請されることを明確にした点で，〈技術の道徳化〉論には，ポスト・ヒューマニズムにおける倫理を理解する上での重要な意味が認められよう．

　以上の議論を要約すると，ポスト・ヒューマニズムにおける倫理学とは，〈どう生きたいか〉という問いを広く直接的に問い続けることで，人の存在態様の望ましさについての批判的吟味を絶えず行い，より良い人の存在態様とそれを実現する方法とについて探究する営みであると思われる．

ポスト・ヒューマニズムにおける倫理と従来の刑事法

　ポスト・ヒューマニズムにおける倫理が，予期しない出来事の中で，発展的・流動的に，**良き生**を求める自己の練り上げ——他性を帯びた自己に，自らの見出した**理**に基づく秩序を組み込むこと——を肯定するものであるとすると，これを基礎理論として構想される法の姿は，現在のものとは大きく異なりうる

ことになる．従来の刑事法が前提としていたのは，**人間**がその**本質**に即した生を全うできるように，あるべき生の姿を示すことで，**人間**間の争いを予防し，またそこへ介入・調停することであった．そこでは**人間**の構成する社会についての静態的・普遍的な理想状態が措定され，それを実現するために必要な秩序を維持すべく，制裁を通じて人を**人間**たらしめようとしていたのである．この世界観においては，**良き生**を求める自己の練り上げという実践と刑事法とは，しばしば緊張関係に立つ．というのも，自己の練り上げという実践は，従来の刑事法が安定させようとする静態的な秩序を必然的に乱すことになるからである．従来の刑事法は，本質化された**人間**に必要な善としての〈自由〉を，制裁を利用して個々人に確保するという機能を果たしていた．しかし自己の練り上げは，**人間**概念そのものを更新する．今ある秩序における生ではなく，自ら見出した新たな秩序における生を求める実践は，与えられた範囲における〈自由〉の行使ではなく，善としての〈自由〉の割当てそのものを変更する〈侵犯〉として理解されることになる．つまり，**人間**としての生き方を踏み外すものとしてとらえられ，制裁の対象とされうるのである[(26)]．この問題は，憲法上の権利についても，これを**人間の本質**に即した普遍的な生き方を守るための法的スキームとして理解する限り，同様に生じうるものである．フーコーが，動態的な権力関係において自由を行使しようとする**主体**を，「法＝権利」の主体として理解することを批判するのは，正にこの文脈においてである[(27)]．それが憲法上の権利であれ，刑事法上の権利であれ，**人間の本質**に即した生を実現しようとする限り，そこには自ら見出した**理**に基づいて自己に新たな秩序を与え，**良き生**を追求する自由は存在しえないからである．しかも，従来の静態的な法によって変遷し続ける世界をとらえようとする限り，現実に世界を構成し続ける権力関係はわれわれの手からこぼれ落ち続けることになる．ちょうど，手術支援ロボットの例において，人と**機械**の相互作用を適切にとらえられなかったように．それゆえ，**人間の本質**を定め，権利の保障を通じて**人間**世界の静態的安定を確保しようとする従来の法の居場所は，ポスト・ヒューマニズムにおいて存在しないことになる．従来の法による垂直的統治のイメージの源泉である「リヴァイアサン」から離れない限り，つまり，「王の首[(28)]」を切り落とさない限り，ポスト・ヒューマニズムにおける法の姿をとらえることはできないのだ．

垂直的規律の手段から水平的ネットワークのインフラへ

　垂直的に規律を及ぼすべく閉じた法ではなく，水平的に導き合う開かれた法のイメージとはどのようなものになるのだろうか．

　法の実践についての人類学的な考察によれば，法はあらゆる存在と関係を取り結ぶために，絶え間なく変化していく運動として存在しているという．ラトゥールによれば，法は〈空白〉，すなわち法によって支配されていない状態を恐れるため，自らの姿を変遷させながら，あらゆる事物との関係を取り結ぶのである．この意味で，法は**本質**を有さない自己言及的なシステムである．それゆえ，法に**本質**的な〈正義〉を求めることは，かえって法が関係性を取り結ぶことが難しい存在を作り出すことになる．静態的で固定された〈正義〉観念は，法が有しているあらゆる存在と関係性を取り結べるという力——「法の支配」——をむしろ阻害することになるのである[(29)]．

　この指摘が興味深いのは，垂直的で閉鎖的な従来の法も，それ自身によって**人間**の本質を定めることで存在しているわけではないことが明らかになるからである．むしろ，従来の法は，**人間**を所与の前提とし，垂直的で閉鎖的な世界を構成しようとするわれわれの日々の実践によって存在しているのである．つまり，ゲーム理論を利用して制度について研究する哲学者フランチェスコ・グァラの示唆するように，法は，動態的なゲームプレイにおける均衡状態が，自然言語によって表現されたものに過ぎないというべきであろう[(30)]．法は多様な可能性に開かれた世界において，われわれの日々の実践の相互作用が引き起こす，潜在的に存在しうる安定した現実状態（〈均衡〉）と結びついて，この世界についてのわれわれの認識に安定性と一貫性をもたらすのである．そうすることによって法は，われわれの世界を構成する人と人，人と人以外の存在との織りなすネットワークの特定の結びつき方を固くしているのである．つまり法は，多様なアクターが水平的に導き合う中で形成された現在の関係性についての一貫した認識を可能にし，人のあり方に関する投錨点となることで，水平的なネットワークを安定的に機能させ続けるためのインフラとして機能するのである．したがって，ポスト・ヒューマニズムにおける法とは，自己の練り上げに呼応しながら，自らの姿を変えていく可能性を留保した，開かれた動態的運動としての法であろう．

法の支配を「逆手」にとる

　ポスト・ヒューマニズムにおける法の姿がこのようなものであるとすると，自己の練り上げという実践は，〈法の支配〉にとって拒みえないものというべきである．なぜなら，多様なアクターたちの新たな相互作用によって，現実のありようが変化していく場合に，その新たな現実状態と法とが隔たることは，〈法の支配〉を諦め，〈空白〉を容認することに他ならないからである．

　多様なアクターたちの相互作用によって不断に変化する現実と法との関係性に着目すると，〈法＝権利〉の主体としての法を否定しつつも，自己の練り上げを通じた自由の実践のために，〈法の諸規則〉を活用できる余地を認めるフーコーの思考をもう一度位置づけることができるだろう(31)．〈空白〉を嫌い，あらゆるものと結びつこうとする法の運動を逆手に取ることによって，新たな現実のありようを持ち込もうとする自己の練り上げは，法を通じて世界全体のありようを変化させ，より良い人のあり方を追求することを可能にするのである．

　もっとも，このような法を生み出すためには，二種類の**理**が活用される必要がある．一つは，ありうる新たな現実について認識し，共有するための**理**である．というのも，このような**理**があって初めて，われわれは潜在的に存在しうる現実について認識・共有し，われわれの信念を強固にし，新たな自己と現実を生きることができるからである．もう一つは，もちろん〈法の**理**〉である．存在する法がどのように現実を認識可能にし，安定させているかを理解することにより，法を逆手に取ることが可能になるからである．つまり，自己を練り上げ，自身と他者（人と人以外の存在とを含む）とを導く**理**の定立を通じて，現実の新たなありようを示し，法の言説を利用することで，これを法と結びつけ，現実を変化させようとする実践——自律実践——は，法自身を一層動態的で開かれた運動へと変えていくことになるのである．

　そして，この**理**の定立にあたっては，様々な**主体**と世界の存在態様を生み出してきた，法も含む様々なディシプリン disciplines(32)が，重要な役割を果たすことになる．様々なディシプリンを利用し，存在する現実の射程と存在しうる現実とを適切に理解して，より望ましいと考える新たな現実を構成しようと努めることこそが，世界の動態性とより**良き生**を生きるわれわれの自由とを可能にするのである(33)．もちろん，このような法の実践が，常にうまくいくと

は限らない．失敗は，その者たちに，しばしば〈侵犯者〉の烙印を押し，〈制裁〉を招くことになるだろう．古代から現実を動揺させる真実を率直に語ること（パレーシア）には危険が伴う[34]のだ．しかし，このような危険を伴う自由の実践なくして，ポスト・ヒューマニズムにおける法の姿を切り開くことはできない．人の存在態様に対する絶え間ない異議申立てと，それに課される試練を通じてこそ，ポスト・ヒューマニズムにおける動態的な〈法の支配〉が維持されることになるのである．ちょうど，科学実践が人と事物との繋がりの強さを試し合いながら，確固たる世界を作っていくように，法における自律実践も，法と世界との結びつきの強さを試し合いながら，より遠くまで広がる〈法の支配〉を確立するのである．

4　ポスト・ヒューマニズムにおける刑事責任

基本的方向性

　ポスト・ヒューマニズムにおける法の姿を踏まえて，そこでの刑事法のあり方を素描すれば，概ね次のようになるだろう．まず，最初に確認しなければならないことは，人の存在態様に関する異議申立てを認め，それと共に法規範が変化していく余地を認めることである．このような申立ての余地を認めなければ，ポスト・ヒューマニズムにおける〈法の支配〉が成立する余地はない．この申立てを認めることにより，刑事法の運用にあたって，ある行為を自由の実践として理解するべきか，それとも〈侵犯〉として理解するべきかという問いが現れることになる．この問いの答えは，既存の〈法の**理**〉と異議申立てに表れた**理**の，どちらがより遠くまで〈法の支配〉を広げることができるのか，にかかることになる．次に，異議申立てを受けて法が変化したとしても，その新たな法もいずれ新たな異議申立てによって変化を余儀なくされるという点も重要である．ディシプリンの広がりに伴って，人の存在態様も常に変化していく以上，法の運動にも終わりはないのである．最後に理解されるべきなのは，この動態的な法は，確固とした実定法に基づく静態的な法秩序の形成と相性が良くないことである．ポスト・ヒューマニズムにおいては，リヴァイアサンのような国家主権によって垂直的に法が行使されるモデルを維持することは難しい．それゆえ，

国家自身も私人と同様に法形成を行う一プレイヤーとして——もちろんその存在は重要である——，動態的な法の形成に積極的に関わるというモデル，つまり公私協働による法秩序形成が必要とされているのである．

人格的自律権の再解釈

　それでは，このような方向性を支える法的根拠・法的構成は存在するだろうか．まず手がかりとなりそうなのは，憲法13条にいう，人格的自律権であろう(35)．従来，この人格的自律権は，個人の自律的生存に不可欠な権利を保障するものとされてきた．もっとも，個人という言葉に表されているように，ここでは，静態的で普遍的な法秩序の存在が暗に前提とされていたように思われる．しかし，ポスト・ヒューマニズムにおける法の動態性に鑑みた場合，この自律的生存に不可欠な権利の範囲は，自己の練り上げに基づく異議申立てによって，更新されていくことになる．つまり，事後的に見れば，確かに個人の自律的生存に不可欠な権利が保障されていることになるのだが，異議を申し立てるその時点では，新たな理や生き方が認められ，新たな権利が創造されるか否かには，多分に偶然的要素が絡むことになる．したがって，ここでは，生成中の権利と確立した権利とを分けて考えることが便利であろう．これから異議を申し立てるとき，あるいは今まさに申し立てているそのときには，権利は未だ生成されていない．しかし，対立当事者の主張に打ち勝ち，審判者の同意を勝ち得たときには，権利は人格的生存に不可欠なものとして，確立し，保障されることになるのである．

　そして，この人格的自律権との関係で，刑法上の違法性概念も影響を被ることになるだろう．これまで違法性は，法益の侵害ないし行為規範の侵犯によって基礎付けられてきた．しかし，これらはあくまで**人間概念の存在**と，彼らが従うべき権威を備えた強力な主権国家の存在とを前提とする議論であった．これからはむしろ，制裁規範の運用が，より望ましい人の存在態様へと繋がりうるのかが，正面から問われることになるだろう．具体的には，様々な動態的ネットワークによって構成される世界と，相対的により確実に結びつきうる法を探る作業が重要な意味を持つことになる．もっとも，少なくとも各種のディシプリンが十分に機能している場合には，刑法の機能不全を突然招くような形で，人の存在態様が容易に変化するわけではないということができるだろう．ただ

し，従来の法のように，単なる法益の保護や規範の維持を自己目的化することは，もはやできない．例えば，経済学というディシプリンの発展により，フーコーが指摘するように，制定法の機械的な適用を通じた社会的便益の最大化が図れないことは，もはや明らかである(36)．この場合にはむしろ，どのような法益の実現方法が，なぜより望ましい人の存在態様につながるのかについての議論こそが，刑法が何を違法とし，どのように刑事制裁を正当化するのかという問題に対する答えを生むことになるのである．

適正手続の再解釈

　静態的・垂直的な法の限界という観点からは，従来法の支配を実現するために強調されてきた，適正手続(憲法31条)という概念をどのように理解するかも重要な意味を持っている．周知のように，法の支配は，人の支配と対置される概念であり，国家の権力作用が，理論づけられて一貫していることを重要な要素としている．一方，適正手続は，この法の支配の理念を実現するために，国家の権力作用の作動過程を法(わけてもハードロー)で定め，これを統制・監督するものとして理解されているように思われる．もっとも，罪刑法定主義や手続法定原則といった，適正手続から導かれる近代刑事法の諸原則は，主として静態的な法の存在を前提としてきた．そのため，ポスト・ヒューマニズムにおける刑事法を論じる上では，これらの諸原則についても，法の動態的な展開性を踏まえた再検討が要求されることになる．この点を検討する上で，最初に問題となるのは，従来の意味での法の支配が，国家の権力作用との関係で何を実現しようとしていたのか，という点である．この点を理解する上で，米国刑事法における法の支配をめぐる議論は大変興味深い(37)．そこでは法の支配が，基本的に国家権力のエージェンシー・コストを低減するための原理として理解されているように思われる．彼らによれば，制定法・陪審制・地方自治といった民主主義的な決定は，共同体における希少資源配置の最適化をめぐる問題なのである．もっとも，資源配置の最適性を評価するための秤を一義的に設定することは，**人間**の喪失した世界において不可能である．そのため，様々なレベルでの民主主義的な議論を尽くした上で，常にその秤の正しさを，人々の練り上げる**良き生**との関係で反省的に吟味できるようにする必要がある．刑事司法の文脈において，ポスト・ヒューマニズムにおける法の支配は，人々が自身にと

ってより**良き生**を実現できるように刑事制裁が現に運用されているかについて，反省的な吟味ができるように法制度が構築されていることを意味するのである．つまり，適正手続という概念も，人々の自律的生に刑事制裁が現に資することを保障するための反省的概念として，再構成されることになるのである⁽³⁸⁾．

情報ギャップの改善

　刑事制裁を**良き生**に資するように用いるという，ポスト・ヒューマニズムにおける刑事法は，具体的にはどのような制度になるのだろうか．冒頭にあげた，AI を搭載した高度な手術支援ロボットによる支援を受けた手術中に事故が生じた場合を念頭に，検討してみよう．

　最初に考えなければならないことは，この手術ロボットに支援を受けて手術をしている医師の主体性にどのような影響が出ているのかを，明らかにすることである．この点についての情報が得られなければ，「良き生」のありようについて検討するための前提を欠くことになる．しかしながら，AI 技術やロボティクス技術の進展速度は極めて早く，また高度の専門的な知識を必要とするため，技術を開発する企業の側と刑事制裁を利用しようとする国家との間には大きな情報ギャップが不可避的に存在する．また，このような高度な機械を開発するのは，往々にして巨大な多国籍企業であり，主権の限界によって必要な情報の収集が阻まれることも予想される．そこで，技術開発側から，国家の側に必要な情報を自発的に提供してもらうための方法が必要となる．

　ここで注目されるのが，訴追延期合意 Deferred Prosecution Agreements と呼ばれる手続を応用する方法である．訴追延期合意とは，検察官と対象企業との間で，訴追を延期する代わりに，企業が必要な情報を提供し，損害の塡補を行い，コンプライアンス体制を改善すること等を合意するという手続である．この手続は，広範かつ厳格な企業犯罪法制を持つ合衆国において，グローバル企業を破綻させることなく「良き市民」とするために発展してきた．そこで，人工知能を搭載した製品の事故について，企業本体に厳格責任を問う法制と，一度有罪判決が下されれば，巨額の金銭制裁や認証取消などの厳しい行政制裁とが科される法制とを整備し，下記に述べるようなこの文脈に適した訴追延期合意制度とあわせて整備することで，企業側に制裁を避けようとする強いインセンティブを持たせることが，新たな刑事制裁制度の第一歩となるだろう．と

いうのも，適切なインセンティブ設計がない限り，企業は決して協力してくれないからである(39)．このような制度を用意することは，現在の事故調査委員会制度を活性化させ，将来にむけてより良い解決を行うための情報の収集・分析を促進することにもつながるだろう．そして刑事責任は，**人間**の犯した過去の行為への応報から，将来の**良き生**の実現に向けた情報収集と改善措置を確実にするためのレバレッジへと変化するのである．

主体性の評価

訴追延期合意制度の仕組みを応用することで，情報を収集できたとするならば，次は手術中の医師の**主体性**についての評価プロセスに入ることになる．既に述べたように，ア・プリオリに**人間**の存在を措定できず，むしろ，ここでの制裁を通じて人の存在態様がデザインされていくことを念頭に置くと，〈われわれはどのようにありたいのか〉という問題が，ここでの中心的関心となる．その結果，現在存在する訴追延期合意とは異なるステークホルダーの参加が必要となる．それは，各種の技術者とユーザー，さらに場合によっては被害者ないしその代表者である．現在の合衆国における訴追延期合意は——漸次的に改善されているとはいえ——検察官の裁量による部分が大きく，検察官の制度的能力を超える仕事を要求することはできない．そして，人の存在態様という問題は，検察官の裁量によって決定されるべき問題ではなく，むしろ，倫理的な設計のありようについて述べるフェルベークによれば，当該機械のありようについて利害関心を持つステークホルダーの積極的な関与が必要とされる問題である(40)．そこで，ステークホルダーによる評価を基礎として，人ないし機械，あるいはその双方への刑事法による介入の必要性を決定することになる．端的にいえば，人を法で作り変えるべきなのか，機械を再設計するべきなのか（それはもちろん，人の存在態様にも関わる），あるいは，その双方か，という問題である．この決定を，各種ディシプリンと民主主義的決定とを交錯させながら行うことこそが，この訴追延期合意制度の核心部分をなすことになるだろう．

ハイブリッドの徳

この際に重要になるのが，手術中に構成される医師と機械とのハイブリッドの〈性格〉ないし〈傾向〉，つまり徳性についての評価である．ここでは，ア・

プリオリに医師の**主体性**や機械の**客体性**を措定できない．そのため，事故が起きたとしても，医師のミスや機械の誤作動を単純に問題とすることはできない．そもそも何をミスとし，何を誤作動とするべきかを，予め定め尽くすことはできないのである．つまり，個別具体的な事故を防ぐためにどのように振る舞うべきであったか，あるいは設計するべきであったかを，事前の予測に基づいて判断することが困難な状態だといえるだろう．そうすると，むしろ，このハイブリッドの持つ可能性や危険，とりわけどの程度の確率でエラーが生じる状態であったのかという，ハイブリッドの性格や傾向性という観点から評価することが重要な意味を持つことになる．したがって，仮に，医師に対して責任を問うとしても，それは直接的に事故の原因となった行動そのものというよりも，ハイブリッドの徳性を損なうような行動をとったことを問題とすべきであるし，同様に機械の製作者やAIの開発者に対しても，ハイブリッドの徳性を損なうようなデザインやプログラミングではなかったかが，問題とされるべきである．どのような行為がどのように作用するかが，不明瞭になる可能性が高い，人間と高度な機械とが協調動作するという領域において，一回的な行為を問題とすることは，意味のない処罰や過剰な萎縮につながる危険性が高い．また，事前にあるべき行為や設計についての規範を完全に示すことも不可能である．したがって，徳倫理学的な観点から集合体の徳性に着目し，それをもたらす人の行為や設計のありようについて議論し，**良き生**について漸次的に明らかにしていくことこそが重要なのである．

ハイブリッドを良き市民とする

そして，仮にロボットのデザインやAIのプログラムによって，ハイブリッドに望ましくない徳性が生じていると判断される場合には，ステークホルダー分析の結果に基づく再設計義務を，訴追延期合意の内容に加えることになる．この訴追延期合意は，AIを搭載したロボットを企業と同様に〈良き市民〉とするための手続として機能するだろう．もちろん，ロボットの徳性を損なう方法でロボットのデザインやAIのプログラムをしていることが明白な場合には，そのようなデザインやプログラムを行なった個人の責任が問われるべきである．また，そのような製品の開発や流通を安易に許すような体制になっている場合には，企業の構造改革も求められるべきであろう．この訴追延期合意は，集合

体とそれを生み出す企業の双方を〈良き市民〉とするために活用されるのである.

　以上を要約すると, 使用者・企業側からの情報提供に基づき, ステークホルダーによる審査・協議を経て, ハイブリッドが望ましくない〈性格〉や〈傾向性〉——高いエラー率など——を備えていると結論される場合には, 人ないし機械にそのような〈性格〉や〈傾向性〉をもたらす要素があったかをステークホルダーの関与の下で吟味し, 事案ごとに多様な制裁を分配することで問題を解決するというのが, この文脈での新しい訴追延期合意システムということになる. 繰り返しになるが, このシステムにおいては, あるべき使用方法や設計・プログラミング方法を事前に完全に示すことはできない. そのため, 使用者や開発者の側で, ハイブリッドの備える徳について説得できるように準備し, 審査・協議の段階でステークホルダーに働きかけることができるようにしていくこと——公私協働による秩序形成——も重要な意味を持つことになる.

重層的な民主主義と法の支配

　新たな訴追延期合意は, 関係者間での真剣な議論を喚起し, 各種のディシプリンを結合するという点で, 新たな法の支配に資するミクロな民主主義的解決を行うものである. しかし, その影響は社会全体に及ぶものであることから, よりスケールの大きな民主主義的解決[41]と連動させることが, 法の支配の実現にとって適切である. 一つは, 検察庁の訴追延期合意に関するガイドラインの整備と, 行政庁の事前行政規制の精度の向上である. 訴追延期合意を繰り返すことによって, あるいは, 最低限でもその前提となる情報提供を繰り返すことによって, 従来意識されていなかった問題点があぶり出されるということは十分にありうる. そのような場合, 個別具体的な問題点を解決するのに適切な合意制度の運用のあり方や, 行政規制の方法が浮かび上がることは十分にありうると思われる. そこで, そうした場合には, パブリック・コメント等を活用しながら, 蓄積した専門知を反映したガイドラインや行政規制をリバイズすることが, 民主主義的アカウンタビリティを果たしながら, 重層的な民主主義に基づく法の支配を実現する上で, 重要な意味を持つように思われる.

　今ひとつは, 実験的な立法である. 合意制度の運用や行政規制のリバイズを通じて, 核心的な論点に至った場合には, 躊躇なくより民主主義的正統性の高い立法において議論が尽くされるべきである.

もちろん，これらの民主主義的解決が不十分ないし不適切である可能性は十分にある．そのため，例えば適正手続を求める権利を裁判所が保障するなどの方法によって，民主主義的な決定そのものの質を補う必要は論を待たない．しかし，仮にそうであるとしても，必要な規制や立法を検証しながら整備していくという過程は，より正統性の高い法の支配へとつながるであろうし，**良き生**とは何かという，ポスト・ヒューマニズムにおける核心的問題をわれわれ全員で問い続けることにつながるだろう[42]．

5　一応の結論

　ポスト・ヒューマニズムにおける刑事責任のあり方というテーマは，実にアクチュアルでありながら，混迷を極めた問題である．本章で出した暫定的な答えは，様々なディシプリンを結合させながら，重層的に民主主義的決定を行い，人間とAIを搭載したロボットの双方に必要な刑事制裁を振り分けることで，人の存在態様を変え続けていくという法システムである．**人間中心**のAI原則も，**人間**と法双方の意味を問い直す運動を伴いながら，**良き生**を実現する原理として理解されることにより，ポスト・ヒューマニズムにおける新しい世界を切り拓く指針となるだろう．

参考文献

ピーター＝ポール・フェルベーク（鈴木俊洋訳）『技術の道徳化——事物の道徳性を理解し設計する』法政大学出版会，2015 年．

ロージ・ブライドッティ（門林岳史監訳・大貫菜穂他訳）『ポストヒューマン——新しい人文学に向けて』フィルムアート社，2019 年．

松尾陽編『アーキテクチャと法』弘文堂，2017 年．

(1)　ミシェル・フーコー（渡辺一民・佐々木明訳）『言葉と物——人文科学の考古学』新潮社，1974 年，409 頁参照．なお，原著の刊行は 1966 年である．

(2)　ポスト・ヒューマニズムの現在については，ロージ・ブライドッティ（門林岳史監訳・大貫菜穂他訳）『ポストヒューマン——新しい人文学に向けて』フィルムアート社，2019 年を参照．

(3)　G20 における〈人間中心〉の AI 技術に関する声明を参照．https://www.mofa.go.

jp/files/000486596. pdf

(4)　人間と事物との相互作用関係については，ブルーノ・ラトゥール(川村久美子訳)『虚構の「近代」──科学人類学は警告する』(新評論，2008 年)，アンディ・クラーク(呉羽真他訳)『生まれながらのサイボーグ──心・テクノロジー・知能の未来』(春秋社，2015 年)，ピーター＝ポール・フェルベーク(鈴木俊洋訳)『技術の道徳化──事物の道徳性を理解し設計する』(法政大学出版会，2015 年)などを参照.

(5)　スタニスラス・ドゥアンヌ(高橋洋訳)『意識と脳──思考はいかにコード化されるか』紀伊國屋書店，2015 年，70-126 頁参照.

(6)　*See* Patrick Haggard, "Sense of Agency in the Human Brain", *Nat. Rev. Neurosci.* 18-4 (2017), p. 196.

(7)　〈人新世〉とは，人間の活動がグローバルな環境に影響を及ぼすことにより，それ以前の完新世を終わらせようとしているという考え方である.　篠原雅武『人新世の哲学──思弁的実在論以後の「人間の条件」』人文書院，2018 年，14-15 頁参照.　また，人新世をめぐる議論については，クリストフ・ボヌイユ＆ジャン＝バティスト・フレソズ(野坂しおり訳)『人新世とは何か──〈地球と人類の時代〉の思想史』青土社，2018 年も参照.

(8)　ブルーノ・ラトゥール(川崎勝・平川秀幸訳)『科学論の実在──パンドラの希望』産業図書，2007 年，223-275 頁参照.

(9)　山口厚『刑法総論[第 3 版]』有斐閣，2016 年，1-8 頁参照.

(10)　近代以後の刑事司法による規律・訓練を通じた標準化の問題については，ミシェル・フーコー(田村俶訳)『監獄の誕生──監視と処罰』新潮社，1976 年，224-227 頁を参照.

(11)　例えば，自動運転車に搭載される AI の開発においては，Alphabet 社の Waymo が圧倒的に他社をリードしている可能性が示唆されている.　https://www.dmv.ca.gov/portal/dmv/detail/vr/autonomous/disengagement_report_2018

(12)　ピーター＝ポール・フェルベーク(鈴木俊洋訳)『技術の道徳化──事物の道徳性を理解し設計する』法政大学出版局，2015 年，54-56 頁参照.

(13)　代表的なものとして，カントをあげることができる.　イマニュエル・カント(樽井正義・池尾恭一訳)『人倫の形而上学』岩波書店，2002 年，49 頁参照.

(14)　代表的なものとして，ベンサムの功利主義をあげることができる.　フィリップ・スコフィールド(川名雄一郎・小畑俊太郎訳)『ベンサム──功利主義入門』慶應義塾大学出版会，2013 年，62-98 頁.　ただし，功利主義自体はよりラディカルな理解にも開かれている.　安藤馨『統治と功利──功利主義リベラリズムの擁護』勁草書房，2007 年参照.

(15)　義務論においても功利主義においても，「自律的主体として物言わぬ客体の世界に対峙」する「人間」が措定されているのである.　フェルベーク・前掲注(12)，56 頁参照.

(16)　ブルーノ・ラトゥール(川崎勝・髙田紀代志『科学が作られているとき──人類

学的考察』産業図書，1999 年参照.

（17）　ジュリア・アナス（相澤康隆訳）『徳は知なり――幸福に生きるための倫理学』春秋社，2019 年，15-18 頁参照.

（18）　ミシェル・フーコー（慎改康之訳）『真理の勇気――自己と他者の統治Ⅱ』筑摩書房，2012 年，12-13 頁参照.

（19）　フーコー・前掲注(1)，409 頁参照.

（20）　ミシェル・フーコー（田村俶訳）『性の歴史Ⅱ――快楽の活用』新潮社，1986 年，18-19 頁参照.

（21）　自らの真理を率直に述べる実践（パレーシア）について，フーコー・前掲注(18)，13-18 頁参照.

（22）　ミシェル・フーコー（渥海和久訳）「主体と権力」『ミシェル・フーコー思考集成Ⅸ』筑摩書房，2001 年，10，27 頁参照.

（23）　ミシェル・フーコー（廣瀬浩司訳）「自由の実践としての自己への配慮」『ミシェル・フーコー思考集成Ⅹ』筑摩書房，2002 年，218，243 頁参照.

（24）　フェルベーク・前掲注(12)，264-272 頁参照.

（25）　ブライドッティ・前掲注(2)，66-69 頁参照.

（26）　例えば，アメリカ合衆国の一部の州においては，同性愛者の性的自由はかつて「人間」の自由の範囲には含まれておらず，犯罪化されていた（*See Lawrence v. Texas*, 539 U. S. 558（2003））.このとき，この犯罪を犯した者が，同性愛者の性的自由を認めるよう主張することは，「人間」の概念自体を更新し，割り当てられるべき新たな自由を明らかにすることを意味している.

（27）　フーコー・前掲注(23)，244-245 頁参照.

（28）　ミシェル・フーコー（渡辺守章訳）『性の歴史Ⅰ――知への意志』新潮社，1986 年，114-117 頁参照.

（29）　ブルーノ・ラトゥール（堀口真司訳）『法が作られているとき――近代行政裁判の人類学的考察』水声社，2017 年，355-370 頁参照.

（30）　フランチェスコ・グァラ（瀧澤弘和監訳・水野孝之訳）『制度とは何か――社会科学のための制度論』慶應義塾大学出版会，2018 年，12-13 頁参照.なお，ここでいう均衡状態とは，全てのプレイヤーに現在と異なるプレイをするインセンティブが無いために，ゲームのプレイが安定する状態を指している.

（31）　フーコー・前掲注(23)，243 頁，また，フーコー・前掲注(28)，182-183 頁参照.

（32）　ここでは，学問の基本的な方法論と，規律・訓練の双方が意味されている.特定の理に従うことで，自己と世界との現在のありようや，その歴史性・可能性を正しく理解することは，自己の練り上げを通じた世界の更新にとって極めて重要な意味を持つことになる.

（33）　ブリュノ・ラトゥール（伊藤嘉高訳）『社会的なものを組み直す――アクターネットワーク理論入門』法政大学出版局，2019 年，391-418 頁（特に 413 頁）参照.

（34）　フーコー・前掲注(18)，32-33 頁参照.

(35)　佐藤幸治『日本国憲法論』成文堂，2011 年，120-121 頁参照.

(36)　ミシェル・フーコー（慎改康之訳）『生政治の誕生』筑摩書房，2008 年，304-319 頁参照.

(37)　*See* Akhil Reed Amar, *The Bill of Rights*, Yale University Press, 1998, p. xiii；William J. Stuntz, *The Collapse of American Criminal Justice*, Belknap Press of Harvard University Press, 2011, pp. 37-38.

(38)　稲谷龍彦『刑事手続におけるプライバシー保護──熟議による適正手続の実現を目指して』弘文堂，2017 年，319 頁参照.

(39)　Jennifer Arlen & Reinier Kraakman, "Controlling Corporate Misconduct: An Analysis of Corporate Liability Regimes", *N. Y. U. L. Rev.* 72 (1997), p. 687. なお，訴追延期合意については，稲谷龍彦「企業犯罪対応の現代的課題──DPA/NPA の近代刑事司法へのインパクト（1）-（6）・（未完）」『法学論叢』180 巻 4 号 40 頁＝181 巻 3 号 22 頁 ＝ 183 巻 1 号 1 頁 ＝ 183 巻 3 号 1 頁 ＝ 184 巻 5 号 1 頁 ＝ 186 巻 2 号 1 頁（2017-19 年）参照.

(40)　フェルベーク・前掲注(12)，155-205 頁.

(41)　ただし，民主主義自体もアップデートさせていく必要があることは論を待たない．エリック・A・ポズナー＆E・グレン・ワイル（安田洋祐監訳・遠藤真美訳）『ラディカル・マーケット──脱・私有財産の世紀』（東洋経済新報社，2020 年）における議論は，この点についての示唆に富むものである.

(42)　稲谷龍彦「人工知能搭載機器に関する新たな刑事法規制について」『法律時報』91 巻 4 号（2019 年）54 頁参照.

判決自動販売機の可能性 ⓪7

西村友海

> 会社と戦おう，官僚らによる支配を打ち破ろう，どんな相手であっても
> 告発してやろう．そう，ボタンを押すだけで．

I 「技術の民主化」と司法

「官僚らによる支配を打ち破ろう」

　警察による理不尽な駐車違反の取締に憤慨したイギリスの学生ジョシュア・ブロウダーによって開発されたのが，DoNotPay というサービスである．DoNotPay は，簡単な質問に対して回答していくだけで，駐車違反に対する異議申立に必要な資料および書類を揃えてくれる「弁護士ボット」だ．冒頭で引用した文章は，この DoNotPay のトップページに掲げられた煽り文句である[1]．DoNotPay は現在では，様々な問題に対応するチャットボットを提供するサービスへと成長しているが，キャッチコピーに含まれる「官僚らによる支配を打ち破ろう」というフレーズは，この最初のチャットボットが達成した，警察による理不尽な取締への抵抗を指したものだと思われる．

DoNotPay と司法の「民主化」

　昨今の人工知能ブームや，その背景となる深層学習技術の普及を伝える文脈でしばしば使われるのが，「技術の民主化」あるいは「AI の民主化」という言葉である[2]．この「民主化」という言葉は，今まで最先端を走る技術者など一部の人にしか利用できなかった技術が，実用化・サービス化などを通じて，一般人にも利用可能なものとなったことを意味している．DoNotPay のサービス

も，知識を十分に持っていない人に対して異議申立の途を開くという点で，いわば「司法の民主化」とでも言うことができよう．

　もし，DoNotPay のように特定の手続に特化した（しかも手続を単に支援するだけの）ボットではなく，裁判所自体が，いわば自動販売機のように自動化され，人々が手元のデバイスから気軽に利用可能なものとなったとしたら，それはこの意味での「民主化」の極地となるのではないだろうか(3)．しかし，そうした仕組みはそもそも可能なのだろうか．また，仮に可能であるとして，そうした制度は望ましい（または「正当化される」）ものなのだろうか．

本章の概要

　ここでは，上記のような問題意識を踏まえ，裁判を AI 化することの一見した望ましさと，その一方で感じられる不十分さを説明することを目指す．そのため，以下のような流れで議論を進める．

　まず，第 2 節では裁判の AI 化という問題の検討に先立って，そもそも法的判断に対する AI の応用がどのようにして行われてきたのかを確認する．このような AI の応用はその歴史も（相対的に）長く，多様なアプローチが試みられてきていることから，これらを可能な限り射程に含めて議論を展開するために，まずはそれぞれの特徴を確認する．第 3 節では，**法的判断の客観性**という法哲学においては古典的な問題と本章の課題との関係を確認する．ここでは，法的判断の自動化が，法的判断の客観性という問題を媒介にして，判決の正当化の問題と関係しているということを示す．これらの議論を踏まえつつ，第 4，第 5 節では，裁判の AI 化の望ましさに対して感じられる違和感について検討を加える．特に第 4 節では客観性を否定する根拠としてしばしば引き合いに出される二つの根拠について検討し，これらが違和感を十分に基礎づけないということを確認する．その上で，第 5 節では法的判断における論証の役割を見直すことによって違和感を説明するというアプローチを示す．最後に，第 6 節では DoNotPay の事例に戻る形で本章の議論の限界を示唆し，まとめとする．

2 法的判断への AI の応用

法的判断とは何か

　法的判断とは，個別具体的な事案に対して法に基づいて判断を下すことであり，この典型例が裁判である．法的判断はしばしば，**法的三段論法**に基づいて説明される．法的三段論法とは，「一般的抽象的な法規範を大前提とし，裁判官によって認定された具体的事実を小前提として，後者を前者の構成要件に包摂することによって結論を導くという形式」を持つ判断の枠組み[4]であり，例えば次のようなものがそれにあたる．

【大前提】　人を殺した者は，死刑又は無期若しくは五年以上の懲役に処する．
【小前提】　太郎は人を殺した．
【結　論】　太郎は，死刑又は無期若しくは五年以上の懲役に処する．

図 7-1　法的三段論法

このような理解は，「三段論法」という名前からも読み取れるように，伝統的な論理学において認められてきた次の形式の三段論法（現代的にはその次に示した二つの推論の組合せとして定式化できるもの）になぞらえて法的判断を理解しようとするものである．

【大前提】　ヒトであればいつか死ぬ．
【小前提】　ソクラテスはヒトである．
【結　論】　ソクラテスはいつか死ぬ．

図 7-2　定言三段論法

	任意の x について, $P(x)$ ならば $Q(x)$ である.	【普遍例化】
$P(a)$ である.	$P(a)$ ならば $Q(a)$ である.	【前件肯定】
	$Q(a)$ である.	

図 7-3　普遍例化推論および前件肯定推論

このように法的判断が論理的な判断になぞらえることができるのだとすれば,それを機械によって自動化することができる, と考えるのは素直な発想だと思われるだろう. 実際, 法的判断を AI によって実行しようという試みは, AI 研究の比較的早い段階からなされてきた.

人工知能の歴史と法的判断への応用

　AI の歴史は一般に, 三度のブームに基づいて, 1950 年代の第 1 次ブーム期, 1980 年代の第 2 次ブーム期, そして 2000 年代以降の第 3 次ブーム期[5]へと整理される. このうち, 法的判断への AI の応用が盛んに試みられるようになったのは, 現代のブームすなわち第 3 次ブーム期ではなく, それに先立つ第 2 次ブーム期のことである. 例えば, AI の法律分野への応用に関する代表的な国際学会には, 「AI と法についての国際会議」(ICAIL)と「法的知識情報システムについての国際会議」(JURIX)の二つがあるが, 両者の初回開催はそれぞれ 1987 年と 1988 年であり, 第 2 次ブーム期の真っ只中である. また, 第 2 次ブーム収束期(2000 年ごろ)の『法律時報』にこれらの研究を紹介する連載があることからも, このことは読み取れよう[6].

　第 2 次ブーム期は, 「知識の時代」ともいわれるが, これは第 2 次ブームが知識表現といわれる技術の発展を背景としていたことに由来している. これに対して, 現代の第 3 次ブーム期は「学習の時代」といわれ, 機械学習に関する技術の進展という異なった背景を持っている. これら背景を異にする二つのブームにまたがって試みられてきた AI の法的判断への応用には, したがって異なった技術を用いた別種のアプローチが混在している[7].

知識表現と法的判断

　第 2 次ブームを牽引した知識表現技術とは, 知識をコンピュータ上で表現し,

利用することに関する技術の総称である．ここでいう「知識」とは，コンピュータにとって取り扱いが容易な良い形式を持ったデータのことをいう．また，その「利用」には，表現された知識の利用方法，すなわち推論システムの研究が含まれている．知識表現技術の法的判断への応用には，大きく分けて2種類ある．一つは，主として制定法に関する知識と**演繹的な推論**を用いて法的判断を実現しようとするものであり，もう一つは主として判例に関する知識と**類推推論**を用いて法的判断を実現しようとするものである．

　制定法に関する知識を用いるものとしては，例えばインペリアル・カレッジ・ロンドンの計算機科学者であったマレク・サーゴットらによる試み[8]が挙げられる．サーゴットらは，イギリス国籍法の各条文を命題とみなし，その論理構造を分析して対応する論理式によって表現しなおすことで，イギリス国籍に関する多様な質問に対して回答することができるプログラムを開発した．日本法を素材とした試みとしては，国立情報学研究所の計算機科学者である佐藤健らによって開発された**要件事実論**に基づく推論システム PROLEG[9]がある．

　また，判例に関する知識を用いるものとしては，例えばピッツバーグ大学の計算機科学者であるケビン・アシュレイの試み[10]が挙げられる．アシュレイは，アメリカの営業秘密法に関する事件における当事者間での主張の応酬をシミュレートするシステム HYPO を開発した．HYPO は各当事者の主張を構成するに際して，同法に関する過去の判例の中から現在の事件と類似した判例を検索し，それを引用しつつ自らの主張を構成するような仕組みを持っていた．ここで日本法を素材としたものを挙げるとすれば，例えば東京工業大学の計算機科学者であった新田克己らによって開発された訴訟シミュレーションシステム HELIC-II[11]などがある．HELIC-II は制定法に関する知識をも用いるハイブリッドなシステムであり，制定法に含まれる文言の抽象性を，判例知識を用いた類推推論によって補うような仕組みを持っていた．

機械学習と法的判断

　これに対して，現代の第3次ブームにおいて注目されているのが，**機械学習**という技術である．機械学習とは，一群のデータから一般性のある判断基準を構築する技術のことであり，この一般性のある判断基準のことを**学習モデル**といい，学習モデルを構築する作業のことを学習という．上に見た知識表現技術

に基づくアプローチがコンピュータに入力したデータから直接に結論を引き出そうとするのに対して，機械学習に基づくアプローチでは判断にデータそのものを直接的には用いず，そこから組み上げられる学習モデルを用いて個々の判断を与えようとするという点に特徴がある．

　この種のアプローチの代表例としては，シェフィールド大学の計算機科学者であるニコラス・アレトラスらによる自然言語処理技術を用いた判決予測の研究(12)が挙げられる．ここで判決の「予測」とは，実際の判決に先立ってその判決を与えるという意味ではなく，判決文（の一部）を当該判決の結論に相当するクラスへとそのデータを分類すること（分類問題）と定義されている．しかし，法的判断を，事件に関する情報の集合を「認容」や「棄却」のようなクラスへと分類するようなことだと見なすならば(13)，この「予測」は法的判断にほかならない．

　アレトラスらの試みは，**サポートベクターマシン**(SVM)という機械学習アルゴリズムを用いることで，欧州人権裁判所の判決文を AI に学習させ，判決の「予測」を行おうとするものであった．アレトラスらの報告によれば，最高で 79％ の精度が達成できたとされ，法的判断への機械学習の応用可能性を示すものとして注目されたが，後続する他の研究からは再現性がないとも指摘されている(14)．

3　法的判断の客観性

自動化の前提

　ここまで紹介してきたように，ひとくちに法的判断への AI の応用と言っても，技術として何を用いるのか，素材として何を用いるのか，あるいはそもそも法的判断というものをどのように定式化するのか，などの点で様々な選択肢が考えられる．しかし，その多様性にもかかわらず，いずれのアプローチにも共通しているのは，法的判断に一定の法則性が観念できる——すなわち，導かれるべき判断が予め何らかの仕方で特定されているという意味において**客観性**を持つ——ということを前提にしている点である．

　例えば，知識表現技術を用いるアプローチは，個々の判断を制定法や判例な

どについての知識からの一定の帰結の導出と見なし，それを形式的に定義することによって AI による法的判断を実現しようとする．このようなアプローチが可能であるためには，そもそも個々の判断を適切に導くことができるような何らかの手続が存在しなければならないだろう．また，機械学習を用いるアプローチは，一群のデータからそれを生じさせるモデルを推定することで AI による法的判断を実現しようとする．したがって，このようなアプローチが可能であるためには，それらのデータ(つまり個々の判断)を説明することのできる何らかのモデルが存在することが必要である．

法的判断の客観性

さて，われわれの法的判断が**実際に**このような前提を満たしているかという点はさしあたり措くものとしよう．ここで注目したいのは，法的判断が客観性を持っていると考えてよければ，それによって，法に関するわれわれの様々な営みに対して一つの説明を与えることができるようになる，という点である．

例えば，法の一つの特徴に，人々に対して特定の行為を為させしめたり，差し控えさせたりする力，すなわち**行為指導性**があると主張されることがある．ところで，もし法的判断に何らの客観性もなく，ただ裁判所が恣意的に判断しているのだとすれば，人々は自分の行為が引き起こす法的な帰結を実際に裁判が行われるまで知ることができないということになるだろう．つまり，法的判断が客観性を持つことは，法が行為指導性を発揮するための重要な前提である[(15)]．また，法学者はしばしば法がどのような帰結を導くかについての見解，すなわち**法解釈学説**を提示する．ところで，もし法的判断が客観性のない恣意的な判断にほかならないのであれば，法学者の提示するこれらの見解もまた単なる恣意的な選好の表明にすぎないのではないかとの疑問が寄せられることになるだろう．したがって，法的判断に客観性があることは，法解釈学説が，単なる選好以上のものであると主張するための一つの根拠にもなる．法的判断が客観性を持つか否かという点はしばしば法解釈学者にとって重要な問題として議論され続けてきた[(16)]が，その原因はこういった事情にも求められる．

法的判断の正統性と法的三段論法

加えてここでの議論にとって重要なのは，法的判断の客観性が，**民主的正統**

性に基づいて裁判を正当化することにとって重要な役割を果たすという点である.

ここで, 仮に裁判の場においてなされる法的判断が制定法と無関係に恣意的に定まるものであるとしよう. このとき, 裁判官が選挙によって選ばれる集団ではないということを考慮すれば, 彼らの恣意的な判断にすぎないものが民主的正統性を持っていると言うことは困難であろう.

ところが, 法的判断が制定法によって, (かつそれのみによって,) 厳密に与えられる——つまり制定法に相対的に客観的なものである——としよう. このとき, その判断は判断主体たる裁判官の民主的正統性の有無にかかわりなく, 民主的正統性のある判断だとして正当化できる. というのも, 前提より, それらの判断は裁判官によって恣意的に決定されたものではなく, むしろ議会において承認される制定法によって(かつそれのみによって)決まっていたものである以上, それらの判断は議会によって直接に承認されたものだといえるからである(17).

先述したように法的判断は伝統的に法的三段論法という形で説明されてきたが, このことを踏まえれば, これは法的判断に客観性を保証し, それによって法的判断に民主的正統性を保証しようとする試みとして理解することができるだろう.

自動化の持つ一見した望ましさ

さて, 法的判断を上記のように理解してよいのだとすれば, 何もそのような判断が人間によって行われる必要はない. というのも, 裁判における法的判断が裁判官の民主的正統性の欠如にもかかわらず議会による議決によって正当化されてしまうのであれば, 同じ理屈で AI による判断もまた正当化されてしまうことになるからだ. そればかりか, 人間がその過程に介在することは, むしろその理想の達成を阻害することになる, とさえいうことができる. というのも, 例えば数値計算における計算ミスなどからもわかるように, たとえその過程が客観的なものであったとしても, 実際には人はそのような過程に従って正しい結論を導くことに失敗することがあるからだ. そうだとすれば, 人の手によらない裁判——すなわち, AI によって自動化された裁判——は, 法的判断の正統性を確実なものとする, よりよい制度なのだということができるかもし

れない.

　実際，昨今の AI 関連技術の発展を背景として，AI の裁判過程への積極的な応用に対しては期待の声があげられることがある．例えば，憲法学者の駒村圭吾は，「法の支配」に引きつけて次のようにクリアに説明している．曰く，裁判官が「法の言葉を述べる口」に過ぎないのであればそれはコンピュータであってもよい．そればかりか，**「人の支配」**すなわち人による恣意的な判断から人民を守ることに**「法の支配」**の意義があるのだとすれば，その判断の発露である裁判は，人である裁判官の手になるよりも，むしろ人ならざる AI の手になっているほうがよほどその理念に沿うことになるのではないか，というのである[18]．また，自ら数学的な手法の法学への応用を行ってきた法社会学者の太田勝造は，AI の法学への応用に関するシンポジウムにおいて，AI による裁判は裁判官による裁判によって生じる「バイアス[19]や過誤」「ブレと恣意性」などを除去できるという点で，人間による裁判よりも優れたものではないか，と主張しており[20]，これも同じものだと理解してよいだろう.

4　法的判断は客観的でありうるのか

自動化への危惧と客観性

　ところが，そのような(仮想の)制度に対しては期待の声だけではなく，疑問を投げかける声もある．例えば，刑事訴訟法学者の笹倉宏紀は，刑事訴訟において要請される「感銘力」が判決に備わるためには，何よりも人間によって判断がなされることが重要であるから，AI によって自動化された法的判断に基づく裁判は，従来の裁判に対して欠けるところのあるものだ，という趣旨の指摘をしている[21]．また，憲法学者の柳瀬昇は**裁判員裁判**に関する議論を踏まえつつ，例えばわれわれとの交代可能性を持つなどの一定の条件を持つ主体による判断でなければ，その判断には**正統性**が認められないのではないか，という疑問を呈している[22].

　ここで特にとり上げたいのは，柳瀬の指摘である．というのも，笹倉の指摘は裁判が**実効的であるためには**何が必要かという考慮を含んでおり，ここまでの議論と必ずしも相反するものではないのに対して，柳瀬の主張は裁判の正当

化に関するここまでの議論に正面から挑戦しているように思われるからだ．しかし，すでに前節で述べたように柳瀬が問題とする正統性は，法的判断が客観的でありさえすれば，判断主体を問題とすることなく「自動的」に備わってしまうものである．したがって，柳瀬のようにその正統性を問うことにおいて判断主体を問題とするためには，法的判断の客観性を否定する必要があるだろう．そこで，以下で法的判断の客観性を否定する典型的な二つの主張を検討してみよう．

基準の曖昧性

第一に，法的判断はしばしば曖昧な基準に基づいてなされるため，厳密に客観的な判断などではない，という主張が考えられる．例えば，民法の1条2項に登場する「信義」や「誠実」といった語のように，制定法には抽象的で曖昧な文言が数多く含まれている．このように，文言からは適用範囲が明らかではないような規定を解釈し，その飛躍を事例ごとに埋めていくことが法的判断の重要な一要素であると考えるならば，このような判断は客観的な判断ではないといえるかもしれない．

しかし，ここから直ちに裁判のAI化を不適切なものだと主張することは難しい．というのも，法的判断が客観的であることが真に望ましいのであれば，むしろ制定法を改善するという途こそが適切だという考え方もありうるからだ．

実際，第2節で確認した制定法に基づく推論を対象とした研究は，その初期においては制定法の文言の論理的分析や曖昧性のない条文の作成方法に関する研究と結合していた[23]．そこでは，そのような研究成果を前提として，現状の制定法の書きぶりがいかに曖昧で不十分なものであるかという批判がなされていた[24]．

このような問題は同様に曖昧性をもたらす他の事情に対しても展開することができる．例えば，**事実認定**の曖昧性も時に問題となるが，これについてもその過程を客観化することで解決が可能であるかもしれない．上で裁判過程へのAIの応用に関して好意的な議論を提示している法学者として太田勝造を紹介したが，彼が事実認定過程の客観化（自由心証主義の統制）を支持する立場をとっている[25]ことも偶然ではない．

判決における結論の具体的妥当性

　第二に，厳密に客観的であることは必ずしも望ましいものではない，という主張が考えられる．例えば，法的判断は法に従ったものであるのみならず，同時に具体的に妥当なものでなければならない，と言われることがある．もし法的判断を厳密に客観的なものとしてしまえば，そこで具体的な妥当性を追求するための判断の「幅」のようなものは失われることになるだろう[26]．

　だが，この主張もまた十分なものではない．というのも，もし法的判断を厳密に客観的なものにできるのであれば，その具体的な妥当性を考慮する機能は立法に委ねられると考えられるからである．

　例えば，一部の計算機科学の研究者からは，ソフトウェア開発に関する様々な技術を立法技術へと応用するという提案がなされることがある[27]．このような提案の中には，**形式検証**などの機械的手法によるプログラムの検証手法などがあるが，こうした手法は判断が客観的に定義されていることを前提としている．このような応用によって立法の品質を高めるという選択肢が仮に現実的なものとなるならば，なぜ裁判所における具体的妥当性の追求が，立法府における具体的妥当性の追求よりも重視されるのか，という問題が生じるだろう．

5　法的判断における論証と AI

証明についての二つの理念

　ここまで見てきたように，単に法的判断が客観的ではないと主張することによって AI による裁判を拒絶するアプローチには，困難な問題が立ちはだかる．

　この問題を回避するための手がかりとなるのが，哲学者イアン・ハッキングによる，証明についての「二つの理念」の区別である．

　ハッキングによれば，数学における証明には少なくとも二つの異なる理念に基づく異なる理解の仕方がある[28]．第一の理念は，それぞれのステップが確実なものであることによって，最終的な結論が確実に正しいものであることをわれわれに保証してくれるような証明こそがよい証明だ，という考え方であり，このような証明を彼は「ライプニッツ的証明」と呼ぶ．ここで重要なのは，こ

の理念は証明を確実な結論を得るための手段と捉える点で，証明を証明主体から切り離し，機械化・自動化を推奨するということを含意しているという点である．

これに対して第二の理念は，それぞれのステップが理解可能であることによって，最終的な結論に対するわれわれの理解あるいは受容を支えてくれるような証明こそがよい証明だ，という考え方である．この理念を彼はライプニッツ的証明との対比で「デカルト的証明」というが，これは確実性と無関係ではないにせよ，それを証明の重要な要素だとはしていない点で，自動化とは必ずしも結びつかない理念である．

もう一つの戦略

さて，第3節において紹介した「客観性」に関する議論は，この「ライプニッツ的証明」と同様の仕方で法的判断を理解しようとするものだといえよう．というのも，そこで法的判断は一定の法則性に基づいて与えられる「正解」を発見するものとして理解され，法的三段論法という**論証**の形式はその正しさを確証するための道具とみなされていたからである．したがって，このような議論が AI による裁判を支持する見解へと結びつくのは，自然なことだったといえるだろう．また，第4節において検討した二つの主張も，論証の役割に関する上記の理解を積極的に排除するものではなかった．そこで主張されていたのは，単にこの「正解」を制定法のみから特定しようとすることが困難または不適切だということだけだったからである．したがって，このような困難性または不適切性が AI の導入その他の方法によって解決されるのであれば，これらの主張は AI による裁判に対する反論としては機能しないことになる．

だが，数学的証明について二つの理念を区別することが可能であるように，法的判断における論証の役割を上述したような「正解」の確証に求めることは，必ずしも自明なものではない．そのため，このような理解を退け，それとは異なる仕方で法的判断における論証の役割を説明することができるならば，それは裁判の AI 化に反対するための有力な論拠となると期待できる．ここでは，そのような試みとして，大屋雄裕による**法解釈**の分析[29]を取り上げよう．

「根元的規約主義」に基づく法解釈の説明

大屋は，規則に従って結論を導くこと(規則遵守)に関するウィトゲンシュタインやクリプキらの考察を参照しつつ，法的判断の性質を分析した．ここで指摘されるのが，クリプキの提示する「任意の規則がその規則からの帰結を指示することはできない」(導出の不確定性)という問題である．もし仮にこの問題が妥当するのだとすれば，論証を「ライプニッツ的証明」のようなものとして理解することはできない．というのも，規則が帰結を指示しない以上，どのような論証もその結論を確証する役には立たないということになってしまうからである．

大屋はこの「導出の不確定性」を規則遵守一般(当然そこには法的判断も含まれる)に妥当する問題だと捉えた上で，「**根元的規約主義**」という立場に基づいて法的判断を説明する．根元的規約主義とは，任意の規則に基づく帰結の導出を，その規則によって指示されていたところの帰結を見つけ出すようなものではなく，むしろ帰結をその規則から導出されたものとして取り決めること(規約)だと理解する立場である．大屋はこれに基づいて，法的判断とは，法および事実によって客観的に定まっている結論を見つけ出すような作業などではなく，むしろある結論を法および事実から導き出されるものとして規約する行為として理解されるべきだと主張した[30]．

AI は法解釈をなしうるか

さて，法的判断をこのように理解するとして，AI はこれをなしうるだろうか．おそらくできない，というのが筆者の考えである．

例えば，誰かがわれわれにとって同意しかねる判断を導いたとしよう．このときわれわれが通常とる対応は，その判断に対して反論し，あるいは間違いを指摘するというようなものだろう．しかし，AI に対するわれわれの対応は恐らく異なったものになる．AI がわれわれにとって同意しかねる判断を導いたときにわれわれが採るであろう対応は，それに対する反論や間違いの指摘といったコミュニケーションなどではなく，むしろそのプログラムの検証や機械の修理であろう．

このように，AI とわれわれとの間には(少なくとも現在の技術水準や社会の状況

においては）われわれ同士の間における場合とは異なって，コミュニケーションは成立しない．このことからわかるのは，われわれは AI のことを，規約を締結するような相手として認めてはいないということである．そうであるとすれば，AI にはこの意味での法的判断を行うことはできないということになるだろう．もちろん，AI がそのような営みに加わりうるような主体だとみなされるようになった暁には，法的判断をなしうるといえるかもしれない．だが，それは，今日明日のことではないだろう．

6 自動化の魅力と裁判

DoNotPay の魅力

さて，議論をまとめる前に，いまいちど冒頭で挙げた DoNotPay というサービスと司法の「民主化」に関する議論に戻ってみよう．先述の通り，DoNotPay が達成したのは裁判の代替などではなく，法的判断を求めるための出訴のハードルの軽減にすぎない．しかし，自動化された裁判の実現は，市民にとってコストやハードルの高さゆえに困難であった紛争解決手段に対するアクセスを可能にするという利益をもたらす．つまり，仮にそれに対して違和感があるとしても，やはり自動化には一定の魅力があることは否定できないのだ．

そうだとすれば，ここまで自動化にまつわる違和感について説明を試みてきた本章の議論もまた，このような魅力を捉えることができていない点において，なお不足の残るものではないだろうか．

法あるいは裁判の限界？

このような不足は，本章の説明があくまでも AI による裁判官の代替という問題，つまり裁判という営みの自動化という問題にのみ着目したために生じたのかもしれない．実際，一部の文献は AI による紛争解決という主題を，裁判の文脈においてではなく，むしろその代替手段である**裁判外紛争解決手続**（ADR）やそのオンライン版（**ODR**）の文脈から検討している[31]．そうであるとすれば，本章の議論は，法や裁判の限界についての議論によって補われることによって初めて十分なものになるのかもしれない．

いずれにせよ，法的な判断や手続きの AI 化を論じることは，翻って法という統治手段の特質に光をあてることにつながる．したがって，「裁判の AI 化は可能か？」という問いは，結局のところわれわれが裁判という制度の特徴を——あるいはそれを含む法という統治手段の特徴を——どのように捉えるのか，という問題に帰着するのである．

参考文献

安藤馨「租税と刑罰の境界史」金子宏監修，中里実・米田隆・岡村忠生編集代表『現代租税法講座 第 1 巻 理論・歴史』日本評論社，2017 年，第 12 章．

大屋雄裕『法解釈の言語哲学』勁草書房，2006 年．

角田篤泰「人工知能の発展と企業法務の未来(1)〜(4-4・完)」*NBL* 1107, 1111, 1112, 1115, 1116, 1123, 1125, 1129, 1131 号(2017-2018 年)．

佐藤健・新田克己・Kevin D. Ashley「人工知能の法律分野への応用について」『法と社会研究』4 号(2019 年)177 頁以下．

高橋文彦『法的思考と論理』成文堂，2013 年．

※本稿は JSPS 科研費 19J14076 の助成を受けた研究成果の一部である．

(1)　DoNotPay–The World's First Robot Lawyer: https://donotpay.com/. コピーの原文は次のとおりであり，引用したのは第二文目である："The DoNotPay app is the home of the world's first robot lawyer. Fight corporations, beat bureaucracy and sue anyone at the press of a button."

(2)　例えば，総務省編『情報通信白書(令和元年版)』(日経印刷，2019 年)86-88 頁などに「AI の民主化」という単語が登場する．

(3)　判決の「自動販売機」という表現は法形式主義について論じた際にウェーバーが用いた "Rechtsautomat" という表現とその訳語である「法自動販売機」を参考にした．参照，マックス・ウェーバー(世良晃志郎訳)『法社会学』創文社，1974 年，516 頁．また，ここで述べた「自動販売機」に類似した設例として，柳瀬昇「AI と裁判」山本龍彦編『AI と憲法』日本経済新聞出版社，2018 年，356-357 頁．

(4)　亀本洋「法解釈の理論」大橋智之輔・三島淑臣・田中成明編『法哲学綱要』青林堂書院，1990 年．

(5)　総務省編『情報通信白書(平成 28 年版)』日経印刷，2016 年，235 頁．

(6)　参照，指宿信ほか「世界の法情報学はいま」『法律時報』75 巻 7 号〜76 巻 5 号，76 巻 7 号(2003-2004 年)．

(7)　当然ながら本稿はこれらの研究領域について，包括的な紹介を目指すものではない．極めて詳細かつ包括的なサーベイとしては，例えば Kevin D. Ashley, *Artificial Intelligence and Legal Analytics: New Tools for Law Practice in the Digital*

Age, Cambridge University Press, 2017；Henry Prakken & Giovanni Sartor. "Law and logic：A review from an argumentation perspective."*Artificial Intelligence* 227 （2015）：214–245 などを参照されたい．また，本稿と同様の視点から，相対的に詳細に技術的な議論をまとめたものとして，拙稿「法的判断への AI の応用と，法学にとってのその意味」『法学政治学論究』124 号（2020 年）参照．

(8)　Marek J. Sergot, et al., "The British Nationality Act as a logic program," *Communications of the ACM,* Vol. 29, No. 5, pp. 370–386 (1986).

(9)　Satoh Ken, et al., "PROLEG：An Implementation of the Presupposed Ultimate Fact Theory of Japanese Civil Code by PROLOG Technology, " in：Onada T., Bekki D., McCready E.（eds）, *New Frontiers in Artificial Intelligence. JSAI-isAI 2010. Lecture Notes in Computer Science*, vol. 6797, Springer（2011）. 西貝吉晃ほか「PROLEG：論理プログラミング言語 Prolog を利用した要件事実論のプログラミング」『情報ネットワーク・ローレビュー』10 巻（2011 年）．PROLEG という名称は，PROlog based LEGal reasoning support system の略である．

(10)　Kevin D. Ashley, *Modeling legal arguments: Reasoning with cases and hypotheticals*, MIT Press, 1991.

(11)　新田克己「法的推論システム HELIC-Ⅱ（〈特集〉「事例ベース推論」）」『人工知能学会誌』7 巻 4 号（1992 年）．なお，新田によれば「HELIC-Ⅱ」という名称は「屁理屈」をもじったものだとのことである．

(12)　Aletras N, Tsarapatsanis D, Preoţiuc-Pietro D, Lampos V. 2016. Predicting judicial decisions of the European Court of Human Rights：a Natural Language Processing perspective. *PeerJ Computer Science* 2：e93.

(13)　法的判断に関するこのような理解と類似するものとして，笹倉宏紀「AI と刑事司法」弥永真生・宍戸常寿編『ロボット・AI と法』有斐閣，2018 年，233–234 頁がある．

(14)　M. Medvedeva, et al., "Using machine learning to predict decisions of the European Court of Human Rights," *Artificial Intelligence and Law*, Online-First (2019), p. 6.

(15)　この問題については，詳しくは本書第 3 章（大屋執筆部分）を参照．また，出雲孝「近世ドイツの市民法学における数学的方法の試み——ライプニッツ＝ヴォルフ学派の方法論とそれに対する法学者ネッテルブラットの応答を手がかりに」『朝日法学論集』51 号（2019 年）など法的判断の客観性（論理性）を法学教育の観点から重視する立場もこれに類するものと見ることができる．

(16)　例えば，法的判断（法解釈）が客観的な営為であるか否かという点が直接に問題となったいわゆる「戦後法解釈論争」は，憲法 9 条下での警察予備隊の創設によって生じた若手法学者の無力感を一つの背景としていたとされる．参照，川島武宜ほか「法解釈学の「科学性」（座談会）」『法律時報』26 巻 4 号（1954 年），387 頁以下；来栖三郎『法とフィクション』東京大学出版会，1999 年，24 頁など．

(17)　同様の理路をたどる議論として，安藤馨「最高ですか？」安藤馨・大屋雄裕『法哲学と法解釈学の対話』有斐閣，2017 年；大屋雄裕『法解釈の言語哲学』勁草書房，2006 年，2-4 頁など．なお，いずれの議論も（そして本章も）民主的正統性の獲得のみを指摘しているが，明らかにこの議論は民主的正統性以外の任意の正統性に対して拡張することができる．

(18)　駒村圭吾「「法の支配」vs「AI の支配」」『法学教室』443 号（2017 年），63 頁．

(19)　太田のいう「バイアス」とは一定の規範的な推論（彼の場合はベイズ推論）によって支持される帰結からの逸脱のことを指している．学習系 AI についてはしばしば「バイアス」が論じられるが，適切なアルゴリズムを選択する限りこのような問題は生じない，というのが太田の主張であり，ここではデータの偏りという意味での「バイアス」の問題が定義によって回避されていることに注意が必要である．

(20)　太田勝造「法学者からの AI 技術導入についての期待」日本学術会議公開シンポジウム「AI による法学へのアプローチ」http://research. nii. ac. jp/~ksatoh/ai-law-symposium/Slides-Ota. pdf, pp. 9-11, 15.

(21)　笹倉・前掲注(13)，255-257 頁．

(22)　柳瀬・前掲注(3)，357 頁．

(23)　Marek Sergot, et al., "Formalisation of the British nationality act", *International Review of Law, Computers & Technology*, 2: 1 (1986), pp. 40-52. また，Prakken & Sartor, 前掲注(7), pp. 216-217 も見よ．

(24)　Ashley, 前掲注(7) "Artificial Intelligence and Legal Analytics", pp. 39-47.

(25)　太田勝造『裁判における証明論の基礎』弘文堂，1986 年．なお，太田の理論は実際，第二次ブーム期の法律エキスパートシステム開発プロジェクトにおいて事実認定システムを構築するために用いられている．

(26)　例えば亀本は，このような相反する二つの要請のことを，「合法性の要請」と「正義の要請」といい，法的判断にはこれらの調整としての性格があるとする．参照，亀本・前掲注(4)，224 頁．

(27)　片山卓也ほか「電子社会と法令工学〈特集・法情報学最前線〉」『人工知能学会誌』23 巻 4 号（2008 年），529 頁以下，特に 532-534 頁．同様にソフトウェア工学の知見を法制執務へと応用することを提案するものとして，角田篤泰「ソフトウェア工学との類似性に着目した立法支援方法(1)〜(4・完)」『名古屋大学法政論集』235-238 号（2010-2011 年）．

(28)　参照，イアン・ハッキング『数学はなぜ哲学の問題になるのか』森北出版，2017 年，26-35 頁．なお，ハッキングは，ウィトゲンシュタインの見解を「デカルト的証明」の理念に親和的なものとして採り上げている．

(29)　大屋・前掲注(17)『法解釈の言語哲学』．以降の議論は同書の全体に関連するが，ここで取り上げる議論は特に同書の第 1 章・第 2 章・第 4 章の議論を筆者が要約し，一部敷衍したものである．なお，例えば，平井宜雄『法律学基礎論の研究』有斐閣，2010 年，155 頁以下の議論についてもその種の立場として理解することができるが，

本章では立ち入らない.

（30）　このような規則遵守に関する大屋の議論は，大屋が本書第 3 章第 3 節において展開している「予測」と「創造的誤謬」に関する議論と関連しているように思われる.

（31）　Riikka Koulu, *Law, Technology and Dispute Resolution: Privatisation of Coercion*, Routledge, 2019.

人名・事項索引

執筆者紹介

宇佐美誠（うさみ・まこと）　はしがき，第 I 章，第 5 章

京都大学大学院地球環境学堂教授．法哲学専攻．『法哲学』（共著，有斐閣，2014 年），『正義論——ベーシックスからフロンティアまで』（共著，法律文化社，2019 年），『気候正義——地球温暖化に立ち向かう規範理論』（編著，勁草書房，2019 年）

成原　慧（なりはら・さとし）　第 2 章

九州大学法学研究院准教授．情報法専攻．『表現の自由とアーキテクチャ』（勁草書房，2016 年），『AI がつなげる社会——AI ネットワーク時代の法・政策』（共編，弘文堂，2017 年），『人工知能と人間・社会』（共編，勁草書房，2020 年）

大屋雄裕（おおや・たけひろ）　第 3 章

慶應義塾大学法学部教授．法哲学専攻．『自由か，さもなくば幸福か？——二一世紀の〈あり得べき社会〉を問う』（筑摩書房，2014 年），『裁判の原点——社会を動かす法学入門』（河出書房新社，2018 年），『人工知能と人間・社会』（共編，勁草書房，2020 年）

松尾　陽（まつお・よう）　第 4 章

名古屋大学法政国際教育協力研究センター教授．法哲学専攻．『憲法学のゆくえ——諸法との対話で切り拓く新たな地平』（共著，日本評論社，2016 年），『問いかける法哲学』（共著，法律文化社，2016 年），『アーキテクチャと法——法学のアーキテクチュラルな転回？』（編著，弘文堂，2017 年）

稲谷龍彦（いなたに・たつひこ）　第 6 章

京都大学大学院法学研究科准教授．刑事法専攻．『刑事手続におけるプライバシー保護——熟議による適正手続の実現を目指して』（弘文堂，2017 年），『アーキテクチャと法』（共著，弘文堂，2017 年）

西村友海（にしむら・ともうみ）　第 7 章

大阪大学社会技術共創研究センター特任助教．法哲学専攻．「法的推論における「例外」の役割——「原則／例外」図式の形式的な分析」『法学政治学論究』117 号（2018 年），「法的判断への人工知能の応用と，法学にとってのその意義」『法学政治学論究』124 号（2020 年）

AIで変わる法と社会——近未来を深く考えるために

2020年9月17日　第1刷発行

編　者　宇佐美　誠

発行者　岡本　厚

発行所　株式会社　岩波書店
　　　　〒101-8002 東京都千代田区一ツ橋 2-5-5
　　　　電話案内　03-5210-4000
　　　　https://www.iwanami.co.jp/

印刷製本・法令印刷

ＡＩ の 時 代 と 法

小塚荘一郎

本体八四〇円
岩波新書

人工知能に未来を託せますか？
—— 誕生と変遷から考える

松田雄馬

四六判二三八頁
本体二五〇〇円

〈名著精選〉心の謎から心の科学へ
人工知能　チューリング／ブルックス／ヒントン

開一夫
中島秀之 監修

四六判二九四頁
本体三〇〇〇円

予測の科学はどう変わる？
—— 人工知能と地震・噴火・気象現象

岩波科学ライブラリー

井田喜明

Ｂ６判一二四頁
本体一二〇〇円

——— 岩波書店刊 ———

定価は表示価格に消費税が加算されます
2020 年 9 月現在